愚民文明の暴走

呉 智英
適菜 収

祥伝社黄金文庫

はじめに

適菜《てきな》 収《おさむ》

言論というのはシビアなもので、いったん発言するとすべて記録として残ってしまう。

バカなことを書けば、未来永劫《えいごう》それを背負うことになるし、たとえ一時的にもて囃《はや》されたとしても、後に検証の対象になる。

メッキが剝《は》がれた「言論人」は山ほどいる。

そこでこの三十年間を見渡したときに、一貫して正しいことを述べてきたのは、ほとんど呉智英《くれともふさ》だけではないか。

一貫して正しいことを言うためには、知識以前に教養が必要になる。

教養とは、「判断の基準をどこに見出すか」「価値に対する態度」である。

呉先生の主張を無理を承知で一言でまとめれば、「知は尊重されるべきだ」ということだと思う。そして現在は「バカが尊重される世の中」である。

どうしてこんなことになってしまったのか？

本書では、社会、宗教、政治、歴史、文化など多岐にわたる論点から、その原因について考えた。

民主主義というイデオロギーもそのひとつである。

私もいろいろわからないことがあったので、この対談の機会に呉先生にまとめて聞いておいた。

巷《ちまた》に溢《あふ》れるどうでもいい対談（豆知識と自己顕示欲のぶつけあい）と違い、本書には大事なことが凝縮されている。

文庫化にあたって

この対談は二〇一四年に某出版社の会議室で行われた。

対談は熱を帯びた。私が対談初日に高熱を出したためだが。その熱は呉先生に伝わったようだ。地元の名古屋に帰った後、高熱を出したらしい。

今回の文庫化にあたり対談を読み返したが、自分の発言に幼さを感じるところ（特に第五章）はあったものの、文意を変える修正は行わず、いくつかの表現のみ、加筆修正した。

なお、人物の肩書は当時のものに統一。敬称は省略した。

適菜　収

愚民文明の暴走　目次

第二章 キリスト教と宗教の本質……75

第三章

吉本隆明という「共同幻想」……119

第六章 民主主義か哲人政治か

第一章

バカは民主主義が好き

ポピュリズムとは何か？

呉　ポピュリズムと衆愚《しゅうぐ》政治はほぼ意味が同じで、ポピュリズムは煽《あお》る側、衆愚政治は煽られる側の問題。能動と受動の関係なのね。気づいていない人が多いけど、衆愚政治やポピュリズムという言葉が普通に使われるようになったのは今世紀に入ってからです。それまではテレビや新聞で使うことは憚《はばか》られるような感覚があった。政治思想史の専門家は普通に使っていても、一般のメディアではあまり使われる言葉ではなかった。それが、昨今使われるようになってきたのは明らかに何かの前兆だよ。

適菜　近代大衆社会の破綻が明らかになってきた。民主主義の負の側面に疑念が向かうようになってきたということでしょ

ポピュリズム
大衆迎合主義。大衆に利益を約束し、支持を得ようとする政治的態度。有権者が目先の利益に飛びつき、理性的判断を欠く衆愚政治につながると批判される。

う。

呉　適菜君がB層、C層というキャッチーなキーワードを使って挑発的な議論を展開しても、当たり前のように社会に受け入れられているわけだよね。これが二〇世紀だったら大衆社会批判なんかすれば、すごく変な奴が変なことを言い出したという扱いで、少なくとも大手マスコミからは無視された。実は「衆愚政治」という言葉は岩波小辞典『政治』にも単独立項されてない。後ろの索引の副項目には出てくるけれどね。それも、ギリシャ時代の政治現象を説明するため。俺が愛用している平凡社の小百科『マイペディア』にはポピュリズムの項目の説明があるんだけど、これが意外な説明なの。適菜君わかる？

適菜　わかりません。

呉　「一九二〇年代におきたフランスにおける文学運動」とあるんだ。『広辞苑』で見ると、ポピュリズムという言葉が二カ

B層
二〇〇五年、小泉内閣の郵政民営化政策を進めるため、自民党が広告会社につくらせた企画書に登場する概念。主に主婦層、若年層、シルバー層とされ、「具体的なことは分からないが、小泉純一郎を支持する層」「IQが比較的低い」と定義された。

C層
構造改革に否定的な「IQが比較的高い」層。

所登場するのが第三版からで、第二版までは一項目しかない。その一項目は平凡社小百科と同じで、「二〇世紀前半におきたフランスにおける文学運動」という説明しかない。第三版が出た一九八五年頃になってはじめて、「大衆扇動の政治」という説明がある。つまり、ポピュリズムは本来、文学運動の言葉で、意味も内容も全然違うことだったんだよ。それが今では当たり前のように衆愚政治の意味で使われている。だから、二一世紀に入って大衆社会の病理が極限まで来ていることが直感的に理解されはじめた。われわれが当たり前のものとして信じてきた近代的政治思想に、疑いの目が向かうようになったということだね。

適菜　いかにしてポピュリズムにブレーキをかけるかが、いまや全世界的な課題になっています。**小泉純一郎**《こいずみじゅんいちろう》は典型的なポピュリストでしたが、ああいう形のポピュリズム政治を露骨に

小泉純一郎（一九四二〜）第八十七－八十九代内閣総理大臣。「自民党をぶっ壊す」「聖域なき構造改革」など刺激的な言葉、わかりやすいワンフレーズを多用し、二〇〇一年四月〜〇六年九月まで戦後四位の長期政権を築いた。

日本で導入したのは、小沢一郎《おざわいちろう》だと思います。小沢が細川護熙《ほそかわもりひろ》を担いで八党派連立政権をつくったときも、メディアや広告代理店を使ってイメージ操作を行っている。だから、小泉がやったことは小沢の手法の焼き直しなんですね。「抵抗勢力か改革派か」という二項対立の手法も、小沢が自民党内の派閥抗争で始めたことです。梶山静六《かじやませいろく》や佐藤孝行《さとうこうこう》を「守旧派」という悪玉に仕立て上げて、自分たちは改革派を名乗った。一九九四年の政治改革により、衆議院の選挙制度は中選挙区から小選挙区比例代表並立制に移行し、政党交付金制度により国から政党に資金が配分されるようになります。そうなれば、確実にポピュリズムが蔓延《まんえん》する。小選挙区にすれば上位二つの政党の争いになりますから、個人の政治家の資質よりも党や党首のイメージであったり、福祉政策や減税を訴えることが選挙の勝利につながるわけです。日本の政治が急激に劣化した理由もここにある。

小沢一郎（一九四二〜）
自民党、民主党、国民の生活が第一、日本未来の党などを経て、生活の党代表。結党・解党を繰り返し、時の政治を左右してきたことから「壊し屋」とも呼ばれる。メディア戦略も度々話題になる。

細川護熙（一九三八〜）
第七十九代内閣総理大臣。一九九三年の第四十回衆議院議員総選挙で躍進し、当時新生党の代表幹事だった小沢一郎に引き立てられる形で非自民連立政権の首相に。還暦を機に政界を引退したが、小泉純一郎の推薦を受けて二〇一四年の東京都知事選に出馬し落選。

呉　ポピュリズムは政治の技術としては使わなければならない局面もあるかもしれないけど、それが本質になったら、そもそもなぜ政治にかかわるのかという問題になる。それは核兵器と同じ。優れた戦略論者は、「核は必要である。しかし絶対使わないし、使えない」とわかっている。つまり、威嚇《いかく》には使えるけど、実際に使えば取り返しのつかないことになる。でもそれは戦術だから、核がなくても核があると見せかける情報戦で流すやり方もあるわけだ。

適菜　**ファシズム**や**ナチズム**の背後にもポピュリズムがあります。大衆を釣るためにはカネの問題も絡んでくる。一九九六年の衆院選で、**新進党**は「国民との五つの契約」を示しました。その前年まで小沢は消費税十パーセントへの引き上げを唱えていましたが、選挙前になると消費税三パーセントの据え置きを約束。しかも、財源に触れずに十八兆円もの減税を約束しま

梶山清六（一九二六〜二〇〇〇）一九九二年、自民党・金丸信の議員辞職による後継竹下派会長をめぐり、小沢一郎と対立。政治改革を掲げた小沢は梶山を守旧派と位置づけ、対比を明確にした。両者の確執は「一六戦争」と呼ばれる。

佐藤孝行（一九二八〜二〇一一）一九六三年に初当選し、自民党で運輸政務次官、総務庁長官などを歴任。一九七六年に発覚したロッキード事件において、全日空ルートの主犯格として有罪判決を受ける。政治改革を停滞させる守旧派の代表格とされた。

す。民主党時代も、二〇一三年度までに十六兆八千億円の財源を生み出すとデマを流した。問題はこうした情報が報道されなかったことではなく、十分報道されていたにもかかわらず民主党が政権を取ったことです。

普通選挙はもう止めよう

呉　俺は**普通選挙**を止めて、選挙権を免許制にしたほうがいいという原稿をある雑誌に書いたんだ。普通選挙制度はポピュリズムの弊害について想定してないんだよね。権力の相互抑制の仕組み、**三権分立**みたいなものはあるけど、一番大事な主権についていて考えていない。

適菜　**国民主権**はもちろんフィクションです。それは近代の建て前であり実際には選良、専門家やプロフェッショナル、職人

ファシズム
イタリアの第四十代首相ベニート・ムッソリーニが提唱、実践した政治運動、思想。現在では独裁政治、全体主義的な思想や運動の代名詞として使われる。

ナチズム
アドルフ・ヒトラー（ナチス）による国家社会主義運動。徹底したゲルマン民族至上主義、強固な独裁体制が特徴。

新進党
一九九四年、村山富市内閣の発足を契機に、小沢一郎が代表幹事を務めていた新生党をはじめ、一部公明党、民社党など野党が結集して発足した政党。党内対立が続き、九七

が判断を下しているわけです。

呉　つまり**代議制**だね。

適菜　そうです。それと行政と司法も専門家の集団です。こうした常識が近代においてかなり薄れてきてしまった。その結果が、大衆社会の暴走です。たとえば参議院は「良識の府」と呼ばれています。参院議員に必要なのは良識です。それでは、選挙で良識を選べるのかという問題がある。多数決の根本にあるのは反知性主義でしょう。一人の**ソクラテス**より二人の泥棒の意見を採用するのが多数決です。そうすると、多数決で良識を選ぶというのはかなりおかしな話になる。

呉　それは、適菜君の言ったとおりで、良識なるものは選挙制度にふさわしいのかというのは根本的な問題なんだ。代議制はそのまま国民の意見を反映するわけにいかないから専門家を選ぶということだが、そうすると国民主権でもなんでもなくなる

年に解党。

普通選挙
身分、性別、学歴、信仰、財産などによる制限なしに、年齢により等しく選挙権と被選挙権を認める選挙制度。男性だけが選挙権を持つものを「男子普通選挙」と呼び、その他の制限が設けられたものを「制限選挙」という。

三権分立
立法権（国会）、行政権（内閣）、司法権（裁判所）の三権を独立させ、均衡をはかることによって権力の乱用を防ごうとする原理。

国民主権
国家の最高権は一般国民にあるとする基本原理。日本をは

よね。

適菜　そもそも、なぜ議会を二つに分ける必要があるのか。それは民意を反映させる下院と、その暴走を防ぐ上院という役割分担があったわけで。かつての貴族院も当然非公選です。でも今は、「政治にはスピードが必要だ」「参議院は衆議院のカーボンコピーになっているから廃止しろ」などとバカなことを言い出す連中がいる。参議院のあり方が歪んでいるなら、本来のあり方に戻すべきなのに、まったく逆のことをやろうとしているわけですね。**安倍《あべ》晋三《しんぞう》**は「憲法を改正して一院制にしろ」などと言っていますが、こういう人間が首相になってしまうのが、大衆社会の恐ろしいところです。**エドマンド・バーク**が指摘したように、上院は人民の代表になってはならないのです。バークは、フランス革命の失敗は、「元老院あるいは、そのような性質の機構を設置することを忘れたことにある」とも批判して

じめ、多くの民主国家において憲法により規定されている。

代議制
国民が選んだ代表者により組織される議会を通じて、その意思を国家運営、政策に反映させる政治制度。間接民主制、代表民主制も同義。

ソクラテス（紀元前四六九～紀元前三九九、生年に諸説あり）
古代ギリシャで活躍した「哲学の父」。無知を自覚するところから知の探求を始める「無知の知」、問答により知識の構築を促す「産婆術」などで知られる。

います。現在の日本では、国家の一貫性を維持するための機構、あらゆるセーフティーネットが、民主主義とポピュリズムにより解体されようとしている。

呉　今世紀に入って、緑の党とか緑の風みたいな政党が湧いて出てきているでしょう。俺が中学・高校の頃は緑風会という政党があった。正確に言うと、院内会派だね。一九六五年に立ち消えになったけど、参議院で力を持っていて、「われわれは良識の府としての、そのときごとの時運に流されない」と謳《うた》っていた。昔から左翼は緑が好きなんだ。それで、俺が思ったのは、過激派が**緑軍**ってのをつくらないかと。

適菜　グリーンピースみたいなエコロジー系テロ組織はありますけど。

呉　**ボリシェヴィキ**が**ロシヤ革命**を起こしたときに、対立した**エスエル**の傍系の奴らが緑軍を名乗っていた。緑、つまり、土

安倍晋三（一九五四〜二〇二二）第九十、九十六〜九十八代内閣総理大臣。二〇〇六年の第一次安倍内閣発足以前から憲法改正を訴えており、一四年五月以降、集団的自衛権の行使を容認する解釈改憲についての議論も物議をかもした。

エドマンド・バーク（一七二九〜一七九七）英国の政治家、思想家。「保守主義の父」と呼ばれる。代表作に『フランス革命の省察』。

緑軍　ロシヤ革命後の内戦期、主としてボリシェヴィキに対する抵抗運動を行った非正規の軍事組織の通称。農民が多く参

着という意味なんだ。ボリシェヴィキにとっては、基本的に都市プロレタリアートに依拠しているというのがマルクス・レーニン主義の原則だから、農民は無《む》知《ち》蒙《もう》昧《まい》の民として抑圧の対象だったんだね。ところがロシヤ革命の初期においては、ロシヤの共同体に依拠する形で出てくる緑軍派というのがいて、エスエルの系統だった。だから、ボリシェヴィキは**白軍**と緑軍の両方を敵にしなければならなかったのね。支那では他に**緑林**がいた。これは匪賊。**メキシコ革命**の**パンチョ・ビリャ**みたいな連中です。だから、緑といえば爽やか、というイメージは全然違うんだよね。

適菜　ヨーロッパにもエコロジーを唱える緑系の政党が多いですよね。アメリカの**ニュー・エイジ**思想との関連もある。マルクス主義という大きな物語が消滅した後、左翼の死に損ないが小さな物語に分散して、エコロジーや有機農法、陰謀論に行く

加し、森林を活動の拠点としたことから「緑」の名で呼ばれた。

ボリシェヴィキ
一九〇三年、ロシヤ社会民主労働党の内部に形成された一派であり、ロシヤ語で「多数派」を意味する。ウラジーミル・レーニンを指導者として、ロシヤ革命を主導。後のソビエト連邦共産党。

ロシヤ革命
一九一七年にロシヤで起きた「第二次革命」を指す。武装蜂起により帝政を打倒し（二月革命）、史上初の社会主義政権の誕生を見た（十月革命）。

エスエル
社会革命党の略称。十月革命

んですね。

呉　その話は面白いから後でやりましょう。近代大衆社会がおかしいということに気づく人が増えてきたという話だったよね。それでは、歴史的に近代がどのような形で大衆社会を準備したのかという話から始めようか。

フランス革命の欺瞞《ぎまん》

適菜　**近代啓蒙思想**家と呼ばれる人たちがいます。彼らは学問として国家を扱ったわけです。でも、実際の国家は揺れ動いているものですから、一度抽象化し、あくまで思考実験として国家について考えた。民主教の教祖とされる**ルソー**でさえ、民主主義を現実には選択できないことくらいはわかっていたわけです。でも、それがイデオロギーになると暴走する。ルソー信者

後、女性革命家マリア・スピリドーノワを中心とする同党左派は革命政権の中枢に入るが、ボリシェヴィキと対立を深め、一九一八年に蜂起。構成員は弾圧され、後に大粛清を受けている。

白軍
一九一七年以降のロシヤ革命期において、旧ロシヤ帝国軍を中心とした反革命側の軍。革命軍＝赤軍に対しての呼称。

緑林
中国の新王朝（八年～二三年）末期において、皇帝である王莽《おうもう》に対し、緑林山に結集して蜂起した武装勢力。

の**ロベスピエール**みたいなのが出てきて、妄想を現実に反映させることを正義だと信じるようになる。左翼は硬直したバカが多いけど、それは学問的な一貫性を実社会に反映させることができると信じているからですね。

呉　優等生バカ、あるいは原理主義バカだね。

適菜　そうです。それと、もう一点、近代啓蒙思想の危険性を指摘する言論がヨーロッパにはありました。**フランス革命**を批判したバークでも、ヨーロッパ最大の知識人**ゲーテ**でも誰でもいいのですが、キリスト教的な歴史観の上に形成された近代啓蒙思想の危険性を見抜いていた思想家は、山ほどいたわけです。まともな思想家、哲学者はほぼ例外なく民主主義を否定しています。しかし近代日本は、この片面しか受容しなかった。それで近代啓蒙思想に毒された人たちが戦後社会を形成していくわけです。日本では日本特有の形で近代が暴走するようにな

メキシコ革命
一九一〇年、ロシヤ革命に先駆けて起きた社会主義的革命。土俗的傾向があり、十年以上にわたって内乱状態が続いた。

パンチョ・ビリャ（一八七八～一九二三）
メキシコ革命の指導者として、農民軍を率いた。日本でも有名なメキシコ民謡「ラ・クカラチャ」の歌詞にも、英雄として登場する。パンチョ・ビジャとも。

ニュー・エイジ
一九六〇年代にアメリカで起きた思想運動。ヒッピーや公民権運動ともつながり、また瞑想、チャネリング、輪廻転生思想など、宗教やオカルト

った。**三島由紀夫**《みしまゆきお》はこの事象を「近代史の読みとばし」という言葉で正確に説明しています。私は「近代と戦ってきた思想が現に存在するわけですから、まずそれを読みましょう」「もし今の世の中がおかしくなってきたと感じるなら、そろそろ冷静になって古典を読みましょう」と提唱しているんですけど。

呉　今の適菜君の話したことにしても、ジャーナリズムで仕事をしている人たちはあまりわかっていないんだ。ルソーの「ヴォロンテ・ジェネラル」、**一般意志**というものを楽観的にみんな見ているけれど、大衆が暴走すればこれはファシズムでもなんにでもなる。二〇世紀末からフランス革命研究は随分進んできて、いろんな観点からフランス革命を考えるようになってきた。でも、一九八九年のフランス革命二百年の頃は、あくまでも自由と平等を実現するものだというふうにしか日本の識者は捉えていなかった。

の影響も大きい。

近代啓蒙思想
一八世紀フランスの社会・政治思想。人間の理性、市民の権利を信奉した。

ジャン＝ジャック・ルソー
（一七一二〜一七七八）
フランスの哲学者、政治学者。個人の自由を尊重し、共同の利益に資する人民の意志を表す概念「一般意志」を提唱した。著書に『人間不平等起源論』『社会契約論』など。

適菜　いまだにそういうバカな知識人はいますけどね。
呉　俺が大学生の頃に、**G・ルフェーブル**の『フランス革命序論』が出たのね。古典的な左翼の人で「フランス革命は壮大な祭りであった」という言い方をしている。俺は、高校までの世界史や政治でしか学んでないから、「お祭りだと言われても困るよ」としか思わなかったけど、当時はフランスでもフランス革命に対する批判が出てきていたので、「祭りだ」って言って左翼が糊塗《こと》しているという気配が俺には感じられたのね。
適菜　それは**バタイユ**的な意味での「祭り」ということですか？
呉　だろうね。ずいぶん昔のことだから、正確には憶えていないけど。適菜君が言うようなバタイユ的意味も含めて、民衆の中にある不条理なものが暴発するようなことがある。狭い意味の政治では説明できないようなものがある。明治維新期なら、

マクシミリアン・ロベスピエール（一七五八～一七九四）
フランス革命期の政治家。ジャコバン派の指導者。人工神「最高存在」を発案し、その国家的祭典を挙行した。清廉だが狭量な性格の理想主義者として知られる。

フランス革命
一八世紀にフランスで発生した革命。封建制が崩壊する一方、ロベスピエール派により反革命派の多くが粛清されるなど、恐怖政治を招いた。

お蔭参りのような宗教的な熱狂とか。**宮《みや》田登《たのぼる》**のミロク信仰の研究もそうだよね。一種のユートピア思想みたいな。**お伊勢参り**もそうだし。

適菜　フランス革命には、経済問題や貴族の利権、貧民の一揆も絡んでいます。

呉　**バスティーユ監獄**が襲撃されたのは七月一四日で、この日は日本ではパリ祭というけど、本来は革命記念日です。しかし、そのバスティーユ監獄には政治犯は一人もいなかった。中にいたのは借金を踏み倒した奴やコソ泥。あんなものを記念して祝日にしていいのかね（笑）。**ヴァンデ戦争**では三十万人が虐殺されている。だから、フランス革命は暗黒面も大きかった。

適菜　相当ひどいことをやっていますよ。フランス革命の肯定的評価は後年捏造《ねつぞう》されたものでしょう。**ニーチェ**はフランス革

ヨハン・ヴォルフガング・フォン・ゲーテ（一七四九～一八三二）
ドイツの詩人、作家、政治家。『若きウェルテルの悩み』『ファウスト』など。自然科学の分野でも功績を残した。またヴァイマル公国の宰相として文教政策を推進するなど、知の巨人として知られる。

三島由紀夫（一九二五～一九七〇）
小説家、劇作家。『仮面の告

命を「愚にもつかぬ余計な茶番劇」と呼び、いかがわしい連中が自分たちの憤激や感激により、その茶番劇の解釈をやったために、原典が解釈の中に消えてしまったと言っています。**マルクス**のフランス革命解釈がまさにそれですね。ゲーテもフランス革命の本質をきわめて正確に見抜いていました。あんなものは卑劣な薄汚い利己的な連中による、賄賂《わいろ》と嫉妬と掠奪《りゃくだつ》で動いた暴動に過ぎないと。フランス革命は必然的にテロリズムに行き着きました。「テロ」の語源は「恐怖政治」です。一般意志が独裁に転じる可能性があるのではなくて、一般意志は独裁の原理そのものなんですね。

呉　俺が子供の頃、少年少女文学全集みたいなのがたくさん出ていて、**バロネス・オルツィ**の『紅はこべ』が面白くてさ。英雄物語なんだけど、中学・高校になって思い返すと、ものすごい反革命小説なんだよね。紅はこべというのは、フランス革命

白』『潮騒』『金閣寺』などの作品で、戦後日本の文学界に大きな足跡を残す。晩年は政治活動に傾倒し、左翼革命への対抗を旨とする「楯の会」を組織。一九七〇年に自衛隊市ヶ谷駐屯地にてクーデターを呼びかけ、割腹自殺を遂げた（三島事件）。

一般意志
一七六二年、ルソーが『社会契約論』で提唱した概念。個人の利益ではなく、共同の利益のために動く人民に共通した意志を表す。

ジョルジュ・ルフェーブル
（一八七四〜一九五九）
フランスの歴史家。革命史を専門とし、フランス革命の研究においてはアリストクラー

のときに革命軍に殺される貴族たちを助ける英雄なんだ。紅はこべは、普段はボンクラな男で女房からもあなどられているけど、あるとき紅はこべという謎の英雄が現れ、困っている貴族たちを助けてくれるという噂が広がる。その紅はこべが登場すると必ずそこに「紅はこべ参上」というサインがある。で、あるとき女房が男の机の上に紅はこべの印の入った指輪を見つけて、紅はこべの正体が旦那だとわかるという話なんだ。そういう話を読んでいたから、学校の歴史で習ったフランス革命の話も疑わしくなる。さらに大学生になると、ヨーロッパでも二重三重に複雑で、日本人のようにフランス革命の理念をただ素晴らしいと考えていなかったんだとわかってくる。

適菜　**スタンダール**の『赤と黒』を読むと、その屈折がわかりますね。主人公のジュリアン・ソレルが大貴族の秘書になり、そこの娘のマチルドが自宅の書庫から**ヴォルテール**の本を探し

ト（貴族）、ブルジョワ、都市民衆、農民の四層からなる多角的な分析を行うなど、多大な功績を残した。

ジョルジュ・バタイユ（一八九七〜一九六二）フランスの詩人、劇作家。ニーチェ研究でも知られ、その思想はミシェル・フーコー、ジャック・デリダなど、後のポスト構造主義に影響を与えた。

お蔭参り／お伊勢参り　江戸時代に熱狂的なブームとなった伊勢神宮（三重県伊勢市）への参拝。およそ六十年周期で多数の庶民による集団参拝が起こり、これを『お蔭参り（お蔭年）』という。

出してこっそり読むわけです。貴族の屋敷なのにヴォルテールがある。

呉　西欧人もきちんとものを考えている。歴史家の**フィリップ・アリエス**が『〈子供〉の誕生』を書いている。後に批判や異論が出てくる本だけど、大枠としてはなかなか面白いことを言っているんだよ。アリエスは、フランスの王党派の伝統が強い地域出身で、フランスの正史なるものに異論があった。彼は**アナール派**の学者と呼ばれているけど、「自分の本業はバナナ屋だ」と言ってて、『日曜歴史家』という自伝もある。フランスにもそういう形で脈々と続く歴史意識がある。日本では福岡の**玄洋社**みたいなものがあるけど、あれだと、幕末から明治ぐらいのアジア意識くらい。でも、フランスはもっと古いので、そういう本流ではない意識がある。

宮田登（一九三六〜二〇〇〇）
文学博士、民俗学者。元日本民俗学会会長で、ミロク信仰（弥勒菩薩を本尊とする信仰）の研究者として知られる。著書に『生き神信仰』『ミロク信仰の研究　日本における伝統的メシア観』など。

バスティーユ監獄
一三七〇年、パリ東部に築かれた城塞。一七世紀以降は牢獄に転用された。

ヴァンデ戦争
一七九三年、フランス革命期に制定された兵士の強制徴募「募兵令」に反発する農民たちが蜂起した叛乱。最終的な犠牲者は、三十万とも四十万ともいわれる。

大江健三郎の精神構造

適菜　三田《みた》誠広《まさひろ》っているじゃないですか。『僕って何』で芥川賞を取った人。あれはロクでもない小説ですが、一見、自分の青春を回顧しているノスタルジー小説に見えて、実は革命をバカにする反革命小説なのではないかと。最後に、学生運動でボロボロになった主人公が部屋に戻ると、田舎から出てきたお母さんと彼女がいて、ほっこりして終わるという話でしょう。まあ、三田がそこまで意識して書いているとは思えませんが、そういう小説としても読むことができる。

呉　適菜君の指摘は当たってる部分もあるんだよ。三田は、一九八四年に『漂流記１９７２』を河出書房新社から出すんだ。河出はこれを売り出そうとしてパーティーを開いて大々的にや

フリードリヒ・ニーチェ（一八四四～一九〇〇）ドイツの哲学者。実存主義の先駆者で、「神は死んだ」という言葉はあまりにも有名。

カール・マルクス（一八一八～一八八三）ドイツの思想家、経済学者。盟友フリードリヒ・エンゲルスとともに科学的社会主義（マルクス主義）を説いた。

ったけど、初版五万部がまったく売れなかった。あれは彼なりの**連合赤軍**の解釈なんだけど、登場人物が軽薄な若者で、あだ名で呼び合っている。当時だからディスコに遊びに行くような感じで、山に籠《こも》ったけど、何もできなかったと。三田は革命家も普通の若者なんだというところに落とし込みたかったらしい。だから革命そのものをバカにしているんだよね。あるいは逆に、自分にはないものなので怖かったのかもしれない。

適菜　**大江健三郎**は『洪水はわが魂に及び』を連合赤軍事件の前に書きはじめているんです。わけのわからないセクトが籠城するという話。反社会的集団が武装して、軍事訓練を積んでいくというストーリーは、事件を受けて途中から変更したのかもしれませんが。

呉　あっ、そうだっけ。これも大昔読んだから、記憶はあいまいだね。

バロネス・オルツィ（一八六五～一九四七）
イギリスのハンガリー系作家、推理作家。代表作『紅はこべ』シリーズで、革命期のフランスを舞台に、内通を疑われ無差別に捕らえられた貴族を亡命させる謎の一団『紅はこべ』の活躍を描いた。

スタンダール（一七八三～一八四二）
フランスの小説家。写実主義の先駆者。代表作である『赤と黒』で、復古王政により抑

適菜　大江さんは不思議な人ですね。頭の悪い保守派が言うような単なる花畑系左翼ではない。根がいじわるな人でしょう。

呉　大江は、愛媛の田舎では悪く言われていたりするそうだよ。市民主義とか言いながら、上昇志向が強い。地元に旧藩校の伝統をひく松山東高という名門校がある。松山城の近くにあって、**洲之内《すのうち》徹《とおる》**が出ていたり。もっとさかのぼれば、**正岡子規《まさおかしき》**、**秋山好古《あきやまよしふる》**も出ている。大江もその名門校の出身で、一浪して東大に入っている。松山のエリートはおっとりした人が多いんだけど、大江の権威主義、上昇志向は有名だよね。

適菜　大江はノーベル賞をもらって、ストックホルムまで行って講演をやった。ダイナマイトをつくった人の賞はもらうのに、日本の文化勲章と文化功労者の章は受章拒否している。それでいて、フランスからは**レジオンドヌール勲章**をもらっている。

圧されたフランス社会を描いた。同作の主人公ジュリアン・ソレル同様、スタンダール本人もナポレオンに憧れ、実際にイタリア遠征に参加した。

ヴォルテール（一六九四～一七七八）
フランスの哲学者、文学者。啓蒙主義、自由主義を代表する人物。人間の理性を信じ、言論の自由、政教分離などを唱えた。代表作に『哲学辞典』『哲学書簡』『オイディプス』『カンディード』など。

フィリップ・アリエス（一九一四～一九八四）
フランスの歴史家。主としてフランスの中世社会を研究し、『〈子供〉の誕生』では、

呉　けっこう権威志向だよ。皇室が嫌いなら、スウェーデンだって王制なんだから、拒否すればいいのに。

適菜　プリンシプルがない男。でもいいんですよ。小説家はプリンシプルがないほうがカッコいいですから。

道徳の扱い方

呉　俺は三田のように、連合赤軍事件を若者のライト感覚として捉えるのは全面的に反対なのね。あれは近代の病理が絡んでいる。**ドストエフスキー**が『悪霊』でとりあげた左翼の内ゲバ事件やフランス革命におけるロベスピエールの事件がある。ロベスピエールは潔癖で真面目な人であるがゆえに、同時代の理念を純粋に捉えて破滅に向かう。それを支えた大衆のメンタリティーもある。そこを適菜君に聞きたいんだよ。

アンシャン・レジーム期の子供と家族生活について論じた。

アナール派
一九二九年に創刊された『社会経済史年報』を拠点とした、現代歴史学の潮流を指す。大事件、大人物を中心に語られてきた旧来の歴史学を批判し、社会・生活も含めた全体的な歴史の把握を目指した。

玄洋社
一八八一年、旧福岡藩（黒田藩）藩士が中心となり結成され、明治期に影響力を高めた政治団体。欧米列強の植民地主義に対抗する大アジア主義を唱えたが、敗戦後の一九四六年、GHQの命により解

適菜　革命に付随する大衆の精神の問題ですね。後ほどまとめて述べますが、潔癖で真面目であることこそが、大量殺戮《さつりく》とテロリズムにつながった。

呉　三島が一九七〇年代に書いた「のっぺりした、物質主義」というのは**オルテガ**の思想に近いね。俺の関心は「徳」にある。徳を保証するものとして近代以前は**形而上学**があった。**カント**の場合、形而上学を否定して『純粋理性批判』を書いているんだけれども、最後の数ページで形而上学に戻ってくる。仲違いした恋人とよりを戻すように、われわれはもう一度、形而上学に帰ってくると。つまり、形而上学の根拠がなくても、自分の意志として「徳」を選択しなくてはならない。そこで、選択や決断という精神の問題が出てくる。

適菜　ニーチェの話で言えば、徳は根本的には自己肯定の感情だったということです。生命力に溢れた者が自分たちの美質を

散。

三田誠広（一九四八〜）
小説家、武蔵野大学名誉教授。一九七七年に学生運動をテーマにした青春小説『僕って何』で芥川賞を受賞。

連合赤軍
一九七一年から一九七二年にかけて活動し、山岳ベース事件、浅間山荘事件などを起こした極左組織。共産主義者同盟赤軍派、京浜安保共闘（日本共産党革命左派神奈川県委員会）により結成された。

大江健三郎（一九三五〜二〇二三）
小説家。東京大学在学中の一九五八年、『飼育』で芥川賞を受賞。九四年に日本人とし

規定するときの言葉が「徳」だった。しかし、その徳がユダヤーキリスト教により転倒され、生を誹謗《ひぼう》するものが「徳」とされるようになったというのがニーチェの見取り図ですね。「ニーチェは道徳を破壊した」などと変なことを言う人が結構いますが、まったく逆です。ニーチェは「道徳が破壊されたこと」を批判しているんですよ。ニーチェ関連の本を書いている作家や大学教授でも勘違いしている人がいるので困るのですが、ニーチェは道徳一般ではなくてキリスト教道徳を批判したんです。これは善悪の問題とも絡んでいて、自分たちを攻めてくる強い敵は「道徳的に悪」であり、非力な自分たちは「道徳的に善」であると発想をひっくりかえしたわけです。ニーチェはこれを「ユダヤ的価値転換」と呼んでいます。

呉　俺がカントを持ち出した理由は、今の適菜君の話にもつながるんだけど、選択や決断と言ったときに、**ハイデッガー**問題

て二人目のノーベル文学賞を受賞している。七三年に発表した『洪水はわが魂に及び』では、東京の核避難所跡をアジトとする「自由航海団」という反社会的集団を描いている。

洲之内徹（一九一三～一九八七）
美術評論家、小説家、画商。東京美術学校在学時にプロレタリア運動への参加で検挙され、後に中国で諜報活動に従事。戦後は画廊を経営しながら小説を書き、『芸術新潮』誌での連載「気まぐれ美術館」などで広く知られた。

正岡子規（一八六七～一九〇二）
俳人、歌人、国語学研究家。

が出てくるんだよ。カントが言うように、ものごとの根拠としての形而上学が隘路《あいろ》に陥ってしまったとすると、それならどうしたらいいのか。決断の根拠がないという暗黒が現れる。これは後ほど話すことになるかもしれないけど、俺は伝統や歴史の話につなげたいんだ。近代に発生した現在の制度について、たとえばニーチェを呼び出して論じてみたい。

適菜　ニーチェは近代および近代イデオロギーの根底にキリスト教を見出しました。神の前の平等というものが、平等権の原型になっている。その指摘はそのとおりだと思います。もう一点、国民主権というフィクションがなぜ生まれたかという話ですが、ひとつは戦争ですね。戦争には貴族のカネが必要だということで貴族に権限は与えられ、その流れが王権の解体につながっていく。その延長線上に、国民主権はあるわけで。フランスの**三部会**ができてきた背景もそこにある。だから、民主主義

一八九七年、子規が柳原極堂を援助して俳誌『ホトトギス』を創刊、翌年には新聞『日本』で歌論『歌よみに与ふる書』を連載し、後の俳句と短歌に多大な影響を与えた。

秋山好古（一八五九～一九三〇）
陸軍軍人。騎兵第一旅団長として出征した日露戦争で打ち立てた多くの勲功から「日本騎兵の父」とも呼ばれる。著書に『本邦騎兵用兵論』がある。

レジオンドヌール勲章
一八〇二年、ナポレオン・ボナパルトによって制定されたフランスの最高勲章。日本人では伊藤博文、中曾根康弘な

は宗教であるのと同時に、近代の構造そのものでもある。

在特会は市民運動

呉 **ショーペンハウエル**やニーチェは、東洋的なものに注目した。そこにキリスト教文明とは違うものがあるのではないかという願望も含めてね。ニーチェの見取り図はそのとおりなんだけど、一部の宗教家が言う「人間のさかしら」みたいなものが出てくるわけだよ。新しいさかしらにより、旧来あった伝統、習俗が蝕《むしば》まれていく。**ギボン**の**『ローマ帝国衰亡史』**を下敷きにした**アシモフ**の**『銀河帝国の興亡』**を学生時代に読んだけど、最後に人間がさかしらになり、長老たちがうまくつくってきたものが、内側から蝕まれていくという話がある。文明が進んだがゆえに、人間の頭が良くなって、それを疑い出すという

どの政治家、大江健三郎、筒井康隆などの作家、指揮者の小澤征爾などが受賞している。

フョードル・ドストエフスキー（一八二一～一八八一）ロシヤの小説家、思想家。一八四六年に処女作『貧しき人々』を発表し、以後『罪と罰』『白痴』『悪霊』『カラマーゾフの兄弟』などの名作を送り出す。人間の心の深奥に迫る哲学的な作品で、後の文学に多大な影響を与えた。

構造がある。それと同じことが大衆社会にも当てはまる。オルテガは「専門能力を持っているが、視野が狭い人間」を大衆としたけど、もっとまずいのは、専門能力もなくて、ネットをいじるのだけが上手な人間、ネット右翼みたいなわけのわからないのが出てくること。ちゃんちゃらおかしいのは、市民一人ひとりが自主的に集まる市民運動を左翼が讃《たた》えていたけど、それは**在特会**そのものだろう。冗談でもパロディでもなくて、在特会って本当に市民運動なんだよ。なんでそういうことにみんな気づかないんだろう?

適菜　私はそれに対して『産経新聞』で**ル・ボン**と**キルケゴール**を紹介しながら二回書きましたよ。関西の右派系市民グループが、幹部らの相次ぐ逮捕により解散に追い込まれたのですが、「朝鮮人は呼吸するなーっ!」などと街宣活動を行い、関係ない人にも暴力をふるっていたと。それでル・ボンを引用し

ホセ・オルテガ・イ・ガセト
(一八八三〜一九五五)スペインの哲学者。「現代社会では大衆が社会的権力の座につき、凡俗な人間が権利を押し通そうとしている」と批評した。著書に『大衆の反逆』など。

形而上学
神や霊魂など物理的な世界を超えた存在、世界の根本原理と考えられるものの根拠を考究する学問。「第一哲学」や「神学」とも呼ばれる。

て、市民運動は必然的に劣化するということについて書いた。ル・ボンが言っていることは、個別にはたとえ優秀な人間であっても、群衆になった瞬間に、人間性が変質していくということでしょう。ル・ボンは「愚かな人間が集まっても意味がない」などとつまらないことを言っているのではなくて、市民社会の論理の危険性を、フランス革命などを例に出して説明しているわけです。集会やデモを行う市民団体が参加者数の水増し発表をするのは、要するに数に頼るという反知性なんですよ。

呉 数に頼るどころか、マボロシの数に依拠しているんだね。仮に実数だとしても、人間が自主的にやることは無前提にいいわけではなく、それどころかしばしば怖いことが発生するということになぜ気づかないんだろうね。

適菜 誰もが発言できる世の中は、あまりいい世の中ではありません。変な芸能人だったり。

イマヌエル・カント（一七二四～一八〇四）
ドイツの哲学者、思想家。認識論において理性の欺瞞、認識の新たな成立根拠を示し（コペルニクス的転回）、近代哲学の祖とも呼ばれる。著書に『純粋理性批判』『実践理性批判』『判断力批判』など。

マルティン・ハイデッガー（一八八九～一九七六）
ドイツの哲学者。エトムント・フッサールが確立した現象学を独自に発展させ、旧来の形而上学を批判。著書に『存在と時間』など。

三部会
中世後期から近世にかけてフランスに存在した、国内の三つの身分（聖職者、貴族、平

呉　高校のクラス会でも、黙ってる奴に無理に意見を言わせてもいい結論は出ない。言わせると面倒な奴には、言わせないほうがいいに決まっている。

適菜　俗流社会論で、「日本人は主張しない」みたいなのがあります。どう考えても、主張しまくっている奴のほうが多い。

呉　非言語で主張するケースもいくらでもあるし。村社会もあるわけだし。

適菜　黙ってるほうが教養が必要です。なんでもかんでも喋ればいいという風潮にネットが拍車をかけている。

呉　二十年くらい前だったか「日本人はディベートができない」としきりに言われた。弁護士実習は法律の知識をディベートで展開するものだし、ビジネスにもディベートの力が必要になる。でも、「日本人はディベートができる民族にならなければいけない」というのは違うだろう。

民）の代表者による身分制議会のこと。最後に開かれたのはフランス革命が起こった一七八九年、議題は「財政赤字」だったとされる。

アルトゥル・ショーペンハウエル（一七八八～一八六〇）ドイツの哲学者。仏教的精神、インド哲学に傾倒し、自然哲学から倫理学、美学まで幅広い分野を研究対象とした。著書に『意志と表象としての世界』など。

適菜　ディベートは、直前にコインを投げて、議題に賛成の立場か、反対の立場かを決めます。つまり、競技であって議論ではない。審査員がいなければディベートは成り立たないが、現実社会の議論に審査員はいません。

呉　みんなが発言すれば社会が良くなるという根拠はない。在特会も純粋な市民運動だけど、あんなのがたくさん増えてくるのはいい社会なのかよと言いたいね。**ゲルツェン**は、ロシヤ土着の伝統を踏まえた民衆＝**ナロード**と、ボリシェヴィキのプロレタリアートは違うと言うんだよ。あいつらは単にブルジョアになりたいだけの奴だと。ゲルツェンが百パーセント正しいわけではないけど、根無し草で頭の中が爆発している奴を束ねても、最終的にはファシズムかスターリニズムにしかならない。

エドワード・ギボン（一七三七〜一七九四）
イギリスの歴史家。オックスフォード大学に学び、一七七三年より大作『ローマ帝国衰亡史』を執筆。経済学者のアダム・スミス、元英首相のウィンストン・チャーチルなどに影響を与えた。

『ローマ帝国衰亡史』
一七七六年から八八年にかけて出版された、エドワード・ギボンによる全六巻の歴史書。古代ローマ帝国の最盛期＝栄華を極めた五賢帝時代から、衰亡に至るまでを描いた。

アイザック・アシモフ（一九二〇〜一九九二）
アメリカのSF作家、生化学

若さを礼賛する愚

適菜 ところで、呉先生の被っているパナマ帽は有名なブランドなんですか？

呉 えっ、これ？ それほど高級品じゃないけどね。帽子はオシャレとしては結構安い。上着を一着買う金額で帽子を三つ買えるから。一番有名なのはイタリアのボルサリーノだけど、最上級品は十万円くらいする。

適菜 歳をとると帽子も似合ってくるとおっしゃってましたね。

呉 俺はまわりの人間に帽子を勧めているのでみんな被るようになった。**南伸坊**《みなみしんぼう》は金持ちだから、汚れたら買い直せばいいと言って、十万円ぐらいのパナマ帽を二、三年に一回買ってい

者。SF作家としての評価を確固たるものにしたロボット長編『鋼鉄都市』をはじめ、多くのヒット作を生み出す。

『銀河帝国の興亡』
『ファウンデーション』シリーズとも呼ばれる人気作。アシモフによる全七作のシリーズで、一万二千年の歴史を持つ「銀河帝国」の崩壊と、暗黒時代を避けるために第二帝国の設立を目指す人々の奮闘を描いている。

在特会
正式名称は「在日特権を許さない市民の会」。元会長は活動家の桜井誠。在日韓国・朝鮮人が他の外国人にはない特権を不当に享受しているとして、抗議活動を行っている。

る。パナマ帽はパナマ草をそのまま編むから折れやすいんだよ。俺の塾の教え子たちも中年過ぎてだんだんハゲてきたんだけど、「今、帽子を被れば完全にハゲたあとも、ハゲ隠しだと思われないぞ」と勧めてる（笑）。そしたら、みんな帽子を買ってる。適菜君はハゲる気配はなさそうだけど。

適菜　私も少しはハゲたいなという気持ちもあるんですよ。毛がふっさりしている人が帽子を被るのはちょっと。

呉　いや、それはそれで悪くない。俺が子供の頃、親の世代、つまり大正に生まれた人は、外出するときにみんな帽子を被っていたんだよ。昭和三〇年頃までは、人が大勢集まっている写真を見ると、帽子を被っている人が七割ぐらいいた。今はなぜか減ったね。帽子を被っていると気どっているとか、鏡を見て似合わないと思うかもしれないけど、それは大間違いで、被っているうちに似合ってくる。

ギュスターヴ・ル・ボン（一八四一～一九三一）　フランスの社会心理学者。操縦者の意のままに行動する「群衆」の危険性を説いた。代表作に『群衆心理』。

セーレン・キルケゴール（一八一三～一八五五）　デンマークの哲学者、思想家。実存主義の先駆けとされ、ドイツ観念論の代表格であるヘーゲルの哲学と対立した。代表作に『死に至る病』『不安の概念』など。

適菜　イタリア南部に行く前に下調べで映画をまとめて観たんです。**コッポラ**の『ゴッドファーザー』、**ジュゼッペ・トルナトーレ**の『ニュー・シネマ・パラダイス』『マレーナ』『シチリア！シチリア！』とか。そうするとマフィアはカッコいい帽子を被っているんです。

呉　マフィアは全員ボルサリーノだよ。日本のヤクザはロレックスと鰐《わに》革の財布というセンスだけど、向こうはボルサリーノ。『ボルサリーノ』って映画があったけど、あれもたしかマフィアの話。

適菜　**ヴィスコンティ**の『山猫』もそうですね。

呉　イタリアだと金持ちでオシャレな奴は全員ボルサリーノ。

適菜　そういえば、小泉の息子の**進次郎**《しんじろう》が、選挙のときに七十一歳のオッサンを自民党が公認したことに反発していたんです。例外規定はあるものの、七十歳以上は公認しないことにな

アレクサンドル・ゲルツェン（一八一二～一八七〇）帝政期ロシヤの哲学者、作家。農奴制度、専制政治の打倒を掲げ、亡命したフランス・パリでロシヤの実態を伝えるべく、代表作『ロシヤにおける革命思想の発達について』を著した。

ナロード
国民、民族、民衆などを意味するロシヤ語。ゲルツェンはロシヤの社会主義化を推進するにあたり、このナロードが持つ土着の伝統をベースにすべきだとした。

南伸坊（一九四七～）
イラストレーター、エッセイスト、漫画家。本の装丁も多数手がける。自ら有名人たち

っていたらしい。たかだか一歳オーバーしただけで大騒ぎして、あれはみっともなかった。ガキよりもジジイが政治をやったほうがマシに決まっているわけですから。

呉　元老という言葉もあるくらいだから。

適菜　小泉の息子も、今の時代にウケると思ってああいうことを言っているんでしょうけど。

呉　『サライ』みたいな趣味系雑誌が、大人も遊べるということを一九九〇年頃に言い出したけど、それまでは大人が遊べる場所は、赤坂あたりのナイトクラブとか、ああいうものしかなかった。今は団塊世代が退職金をもらってカネを持ってるから、そういうのを狙って「大人、大人」と言い出すようになっている。それがまだ政治には浸透してないんだと思う。

適菜　もう少し根源的な問題ではないですか。小泉の息子は、若い人間が社会を変えることが正しいと思い込んでいるフシが

に扮装して顔マネをした「そっくり写真」でも知られる。著書に『さる業界の人々』など。

フランシス・フォード・コッポラ（一九三九〜）
アメリカの映画監督、映画プロデューサー、実業家。代表作に『ゴッドファーザー』『地獄の黙示録』など。

ジュゼッペ・トルナトーレ（一九五六〜）
イタリアの映画監督。自国の古典映画に愛情を注ぎ、復興活動も精力的に行う。代表作に『ニュー・シネマ・パラダイス』『海の上のピアニスト』など。

ある。「青年局長」なんて恥ずかしい肩書をもらってはしゃいでいたくらいですから。

呉　それはそう。老人支配は必ずしも悪いことではなくて、老《ろう》獪《かい》な政治というのは年寄りがやる。スペインの**フランコ**も老獪な政治をやった。もちろん一方では**ピカソ**が抗議したゲルニカみたいな現状もあるんだけど。スペインは実は枢軸についてないんだよね。当然連合側にもつかないわけで、大戦下を非常にうまく乗り切った。独裁を止めたあとも非常に上手に王制に移行した。そういう老獪さはあるよね。台湾の**李登輝**《りとうき》にも熟成した老獪さが感じられる。老獪さということで言えば、当然場数を踏んでいるほうがいい。でも、若死にした**アレクサンドロス三世**が六十、七十でああなったはずがないわけで、一概にはそうとも言えないんだけど。

適菜　その根底にあるのも革新幻想だという気がします。だか

ルキノ・ヴィスコンティ（一九〇六～一九七六）イタリアの映画監督。代表監督作に『山猫』『地獄に堕ちた勇者ども』『ベニスに死す』など。貴族の裕福な家庭に生まれながら一時はイタリア共産党で活動し、貴族や芸術家の没落を描く作品も多数残している。

小泉進次郎（一九八一～）自民党の政治家。父である元内閣総理大臣・小泉純一郎の後継候補として二〇〇九年の衆議院議員総選挙に出馬し、初当選。

フランシスコ・フランコ（一八九二～一九七五）スペインの政治家。一九三六年のスペイン内戦において反

らこそ、七十一歳というだけで排除するというバカバカしい現象が発生する。

呉　それは革新幻想というより、若者文化の台頭が大きいと思う。俺が大学生だった頃、「三十歳以上を信用するな」「ドント・トラスト・オーバー・ザ・サーティー」みたいなことを言うバカな奴がいて、俺は「三十歳以上を信用するなと言う奴らを信用するな」と言ったんだけど（笑）。俺は若い頃から、若いということに体力以外の価値を見出していなかったからね。

適菜　政治において若さを礼賛するのは、バカを礼賛するのと同じです。

橋下徹と全体主義

適菜　プロフェッショナルが軽視される世の中になってきたと

乱軍の総司令官に指名され、政権を樹立し（三八年）、三九年にスペイン全土を統一。一九七五年一一月二〇日に死去するまで、国家元首の座にあった。

パブロ・ピカソ（一八八一～一九七三）
画家、彫刻家。スペインに生まれ、フランスで制作活動を行う。代表作である『ゲルニカ』は一九三七年、スペイン内戦において、バスク地方の都市・ゲルニカが空爆された事件をモチーフに描かれた。

李登輝（一九二三～二〇二〇）
政治家、農業経済学者。元中華民国総統。蔣経国の死去に伴い、一九八八年から中華民

思います。世の中にはプロフェッショナルが扱うべき領域が絶対にあるはずです。たとえば、医者の判断だったり、パイロットの判断だったり。患者や乗客が決めてはいけないことがある。そして程度の差こそあれ、これはあらゆる職業に当てはまることだと思うんです。でも、今の政治もそうだし、原発再稼働をめぐる騒動でも、専門家の意見と素人《しろうと》の意見が並列で語られている。これも凡庸な人間が暇さえあれば発言をするという近代大衆社会の土壌に発生した現象だと思われます。

呉　それでも俺は、プロはそれほど軽視されていないと思うよ。**ジェネラリスト**と**スペシャリスト**という問題があってね。**儒教**文化圏ではスペシャリストがずっと軽視されている。君子（指導者）はジェネラリストという発想がある。個別の技術よりも、徳により全体を束ねるものが社会の指導者層だという意識がある。これも善し悪しで、支那でも朝鮮でも職人はさほど

国総統代行、第八期総統を務め、九六年に同国史上初めて直接選挙で選ばれた総統となった。二〇〇〇年の退任後も、台湾独立を訴え「台湾団結連盟」を結成。

アレクサンドロス三世（紀元前三五六～紀元前三二三）マケドニア王国の王として東方遠征を行い、ギリシャからペルシア、中央アジア、インドに至る大帝国を築いた。アラビア遠征が計画されるなか、三十二歳で病没した。

ジェネラリスト
広範囲にわたる知識や技術を持つ人。

スペシャリスト
ジェネラリストの対義語。特

重視されない。

適菜　国民投票や住民投票を採用しようという発想は、プロフェッショナルとしての政治家の軽視でしょう。首相公選制や裁判員制度もそうです。医者や学校の先生にもかつてのような権威はないでしょう。医者が患者にセカンド・オピニオンを勧めるような時代ですからね。これは職業倫理や責任の問題ともつながっていると思います。

呉　近代以後は、多くの学歴エリートは医者になったね。今でも地方の**素封家**《そほうか》の息子はたいてい医者だったりするので、エリート形成としてはある時期まで意味があったと思う。今はエリートというと金持ちで女にもてるだけで、責任感はないよね。現場の医者に聞くと、モンスター・ペアレントならぬモンスター・ペイシェントみたいなのがいて、わけのわからない苦情を言ってくるらしい。病院に行くと、「暴言、暴行お断り」と貼

定分野について知識や高い技術を持つ専門家。

儒教
春秋時代の思想家・孔子を始祖とする、仁と礼を重んじる思想の体系。中国から東アジアを中心に展開され、『論語』の伝来とともに日本文化にも多くの影響を与えた。

素封家
財産家、大金持ちの意。「封」は治める領土を示し、つまり領土は持たずとも、諸侯を凌ぐほどの力、財産を持っている人を指した。出典は『史記』の「貨殖列伝」とされる。

橋下徹（一九六九〜）
政治家、弁護士。大阪府知

り紙がしてあったり。

適菜　だから権威の喪失なんです。

呉　「患者様」とおだてることにより、医者と患者の関係が成り立たなくなる。片方は治療のプロとしての責任意識を持ち、片方は自分でも必死で治そうとする信頼と責任みたいなものがあるはずなのに、片方をおだてれば関係が成り立たなくなる。

適菜　政治もそうです。有権者がお客様になってしまっている。政治家は御用聞きに成り下がり、「民意に従え」などとバカなことを言い出すようになった。もちろん、そうやって「民意」を利用するわけです。

呉　それがポピュリズムにつながってくるよね。

適菜　大阪市長の**橋下徹**《はしもととおる》がやっているのは全体主義と同じで、一種の大衆運動です。橋下の言っていることは支離滅裂《しりめつれつ》で、正反対のことを平気な顔で言う。嘘に嘘を積み重ねる。実

事、大阪市長などを歴任した。地域政党「大阪維新の会」の代表として大阪都構想、道州制の導入などを訴える。同盟国アメリカの軍隊に風俗業の活用を勧めたり、意味不明の出直し市長選を強行し、支持を失った。

田中康夫（一九五六〜）政治家、作家。一九八〇年、処女作の小説『なんとなく、クリスタル』で「文藝賞」を受賞。二〇〇〇年十月から〇六年八月まで長野県知事を務め、「脱ダム」「脱記者クラブ」などの宣言が話題に。〇五年に新党日本を結成し、代表を務めた。

東国原英夫（一九五七〜）政治評論家、タレント。二〇

はそこが強みで、要するに政策や理念があるわけではなくて、バラエティ番組の雛壇《ひなだん》芸人みたいに、知りもしないことに口を出して空気をつくっていくわけです。あれは今の時代のポピュリストの姿でもある。

呉　俺は今世紀に入るか入らないかの頃からそういう政治家が増えたと見ている。適菜君と意見が違うかもしれないけど、橋下にも理念はあると思う。長野県の**田中康夫**《たなかやすお》、宮崎県の**東国**《ひがしこく》**原英夫**《ばるひでお》、東京都の**石原慎太郎**《いしはらしんたろう》もみんな地方首長なんだね。地方首長は一種の大統領制のような形で権力集中ができるから、そういうところに出てくる。彼らは政治資質としては非常に優れたところがあると思う。それは軍人の資質と同じで、政治状況が煮詰まってくると、やはり英雄待望論としてそういう奴が求められるようになる。

適菜　だから、危ないんですよ。地方首長選には民意がダイレ

○七年、宮崎県知事に就任。自称「宮崎県のセールスマン」としてメディアでPRを行った。二〇一二年の衆議院議員総選挙に出馬、当選するが、翌年一二月に所属していた日本維新の会を離脱し、議員辞職している。

石原慎太郎（一九三二〜二〇二二）政治家、作家。一九五六年に『太陽の季節』で芥川賞を受賞。六八年の参議院議員通常選挙で当選し、政界進出。九九年から二〇一二年まで東京都知事を務めた。日本維新の会の共同代表であったが、一四年五月に日本維新の会からの分党を表明。同年十二月に政界を引退した。

クトに反映される。首相公選制にしてはいけないという証明みたいなものです。

呉　東国原はまったくダメで単に権力行使がしたい人間だったけど、橋下や石原になると、政治家としての勘は結構あると思う。逆に言えば、ポピュリズムを操れる人は、そういう人ではないかと思う。政治的資質としては冷静沈着型、隠忍自重《いんにんじちょう》型がいいということもあるわけだから一概には言えないけどね。

適菜　それは結構危険な状況だな。たとえ動乱期だろうと、そんなリーダーシップはいらない。こうした地方首長の出現は、やはり大衆社会の負の側面と捉えないといけないと思います。

正義の暴走について

呉　本当の動乱期になれば、**レーニンや毛沢東《もうたくとう》、スターリン、**

ウラジーミル・レーニン（一八七〇～一九二四）ロシヤの革命家、政治家。ロシヤ革命の指導者として、史上初の社会主義国家＝ソビエト連邦を築いた。

毛沢東（一八九三～一九七六）中華人民共和国の政治家。農民運動を主導し、一九三一年に中華ソビエト共和国臨時政府を樹立。日中戦争で勲功を立て、四九年には中華人民共和国を建国、国家主席となっ

ヒトラーが出てくるわけだ。

適菜　だとしたら歴史に学ぶべきですね。ヒトラーが出現したときにどうすべきだったかと。それをしっかり考えるべきです。

呉　どうすればいいと思う？

適菜　自分のできる範囲だったら、原稿書いて潰そうとはしますけど。今やっているみたいに。

呉　でも、ヒトラーが出現したときに、原稿書いていても間に合わないでしょ。

適菜　自分のできることをやるしかないですよ。

呉　俺にも答えがあるわけじゃない。それこそ適菜先生にお伺いしたいぐらいのところでさ。

適菜　ヒトラーだっていきなり権力を握ったわけではありません。周りがヒトラーを軽視していたからあそこまで暴走した。

た。六六年より文化大革命を引き起こす。

ヨシフ・スターリン（一八七八～一九五三）
ソビエト連邦の政治家、軍人。ロシヤ革命においてレーニン不在のボリシェヴィキを率いて活動。レーニンの死後、対立する勢力を粛清するなど専制的な政治体制をつくった。

アドルフ・ヒトラー（一八八九～一九四五）
ドイツの政治家。国家社会主義ドイツ労働者党（ナチス）党首として民族主義と反ユダヤ主義を掲げ、一九三三年に首相、翌三四年に総統に就任。侵略政策を強行した。

橋下だってバカな奴だと笑って放置しておくと大変なことになる。ゲーテも言うように、「活動的なバカ」が一番危険なんです。だから、各自自分の職業の範囲内において、頑張るべきじゃないですか。右翼は天誅《てんちゅう》を下せばいいし、左翼は渋谷でデモ行進でもすればいいし、議員は国会で追及すればいいし、私は新聞や週刊誌に原稿を書くしかないんですよ。それで早めの段階で駆除しておく。

呉　さらに恐ろしいことに自分がやられるだけではなくて、仲間を裏切らなければならない場面も出てくる。シベリアの抑留者も仲間を売ることでわずかなパンを得たと。それは全体主義の恐ろしさのひとつだけど、ドラキュラ伯爵の話の裏にはその意識がある。というのは、魔物に食い殺されるのは嫌だけれど仕方がない。でも、自分が魔物になってしまうのは怖いと。ゾンビに噛まれると、ゾンビになってしまうという話も同じだね。

適菜　自発的に密告が行われる社会になるわけですね。フランス革命でも仲間を殺していく。大衆運動はいくらでも暴走する。だから正義でさえ法によって制限しなければいけないと考えるのが正常な人間です。大津でいじめ自殺があったときに『産経新聞』のコラムに書いたんですよ。いじめた奴が悪いのは当たり前だけど、大津の教育長になぐりかかったり、いじめた少年の家族の写真を晒《さら》して攻撃するのは、いじめた側と同じくらい卑劣な行為だと。遺族が復讐感情を持つのは当然だけど、なんの関係もない、ネットで暇を潰している連中が、正義の味方みたいな顔をしてリンチするのはおかしいと。そしたらすごい反発があった。聞いた話によると、ネット掲示板でスレッドが三つ立ったらしいです。

呉　正義の暴走の問題点については異論はないけど、一種の既成概念となった正義、もしくは制度となった正義について考えたい。みんな自発的な正義だと思っているけど、それは一種の制度の中で思考している気がする。その場合、制度から外在的に考えるモーメントがほしい。そこでカントの話に戻ってくるんだけど、すべて制度は擬制的なものではないかと考えると、最後には価値相対主義になってしまうんだよ。それを防ぎうるのは、何にも根拠づけられていない、その意味で不条理な実存しか出てこなくなる。この問題は、近代二百年の一番大きなポイントだと思う。ショーペンハウエル、ニーチェもそうだけど、そこで最後に残る自分をつくる実存。**フランクル**がユダヤ人の収容所に入って最後に自分がそれを客観的に見て、正気を保ち得た彼の固有性みたいなものね。そうすると、それは根源的な徳の問題になると思うんだけど、こういう徳は制度化できない。制度化できるのはあくまで法律のようなルールでさ。交

ヴィクトール・フランクル
（一九〇五～一九九七）
オーストリアの精神科医、心理学者。ナチスのユダヤ人弾圧により、一九四二年に強制収容所に収容される。父、母、妻と死別するが、四五年にアメリカ軍に解放され、その後七一年まで、ウィーンの

通ルールも税金も制度化できるけど、人間の徳は制度化できないよね。

適菜 だからこそ徳の問題は慎重に扱わないといけない。**ハンナ・アレント**は『**革命について**』で徳がテロリズムの温床《おんしょう》になることを指摘しています。正義の暴走を許せば、人間はいくらでも愚かに卑劣になることができる。アレントは「徳でさえ限度をもたねばならぬ」という**モンテスキュー**の言葉を引用していますが、ロベスピエールが唱えた「弱者に対する同情」と「道徳」がテロリズムに行き着く経緯について説明しました。法律は実体ですが、抽象はいくらでも頭の中で拡大、暴走していく。

病院に勤務した。著書に収容所での体験を記した『夜と霧』がある。

ハンナ・アレント（一九〇六〜一九七五）アメリカの女性哲学者、政治学者。ドイツよりフランスを経てアメリカに亡命し、ナチズムをはじめとする全体主義、またロシヤ、フランス、アメリカなどにおける革命についての研究を行う。著書に『全体主義の起原』『人間の条件』など。

『革命について』 一九六三年、ハンナ・アレントが著した革命論。主にアメリカ独立革命とフランス革命を対比させ、革命の意義について考察。

ネットで一番強いのはバカ

呉　面白い話があってね。**一水会**《いっすいかい》の**鈴木邦男**《すずきくにお》が、学生時代に保守系の評論家や思想家に会って話を聞くと、みんなが歓迎してくれたと言うんだ。つまり、保守派は当時少数派だったから、「若いのにおまえたちは民族派とは偉いな」と褒《ほ》めてくれて、ご馳走してくれたと。でも、**福田恆存**《ふくだつねあり》は違った。福田は、「君たちは伝統とか保守とか言っているけど、君たちが今いる世界はみんな、近代文明、西洋文明ではないか」と言った。鈴木邦男は根がいい奴なんで、素直に喜んだらしい。つまり、自分たち学生を一人前扱いして議論してくれたと。俺はちょっと違うと思う。福田恆存は彼ら若者たちが本当の保守ではないと思ったんだ。福田は**ロレンス**の研究とか近代思想から入っている。

シャルル＝ルイ・ド・スゴンダ・ド・モンテスキュー（一六八九～一七五五）　フランスの哲学者、政治思想家。法制度の原理について研究を行い、一七四八年に『法の精神』を刊行。三権分立論を提唱した。オーギュスト・コントらとともに「社会学の父」のひとりに数えられる。

一水会　鈴木邦男、阿部勉、犬塚哲爾、四宮正貴、伊藤邦典、田原康邦らが中心となり、一九七二年に決起した右翼民族派団体。「戦後体制を打破し、対米自立・対米対等な真の独立国家を目指す」として活動している。

福田の面白いところはそこ。近代文明との対比で考えている。近代を理解した上での保守だね。保守思想を天皇制だけで考えている奴は面白くない。

適菜　そうですね。右翼と保守は一致しないどころか、異なる部分が多い。保守は近代の不可逆性を認識した上で、現実から出発する。一方、右翼の本質は理想主義でしょう。

呉　転向した奴の優秀な部類は面白い。単純じゃないからだ。康有為《こうゆうい》も土着思想で西洋に対抗しないと侵略されると考えていて、近代化のほうに進んだけど、その段階で保守に戻って、孔子教を始める。それも外在的視点だよね。

適菜　昨今の「保守」が腐っているという面もありますね。保守論壇も大東亜戦争は正しかったとか日本にも言い分があるとか、朝日新聞はけしからんとか、そういう話を内輪でやっている。こうしたルーチンの仕事で飯を食ってきた連中にはかなり

鈴木邦男（一九四三～二〇二三）政治活動家、「一水会」最高顧問。全国学生自治体連絡協議会初代委員長。三島由紀夫事件（楯の会事件）をきっかけに一水会を結成。著書に『愛国の昭和—戦争と死の七十年』『失敗の愛国心』など。

福田恆存（一九一二～一九九四）評論家、劇作家、翻訳家。戦後、保守派の論客として精力的に活動し、進歩派の平和論や国字改革への批判を展開した。翻訳家としてはシェイクスピアの主要戯曲、D・H・ロレンスの『黙示録論』などを手がけている。

違和感がありますね。ルーチン保守が、日本の保守論壇を相当ダメなものにしている。

呉　エロ産業と同じだよ、ルーチンだけで沈滞するのは(笑)。最後におじいさんが、やはり日本は正しかったというオチを読んで安心するというルーチンの発想は変わらない。ルーチン作業をやっている左翼と同じなんだよ。保守も革新も、右翼も左翼も問題は知性の欠如なんだ。先ほどの外在的な論理から見てもさ。

適菜　最近、私は「トピック右翼」という言葉をつくったんです。安倍政権バンザイの某小説家もそうだけど、自分ではいいことを言っているつもりでも、どこか聞いたようなトピックを繰り返しているだけ。雑誌『ＷｉＬＬ』に載っていた安倍晋三礼賛記事には吐き気がしました。ガード下の赤提灯で酔っ払いが新聞の社説に書いてあった意見を繰り返すのと同じ。ネット

デーヴィッド・ハーバート・ロレンス（一八八五〜一九三〇）
イギリスの小説家、詩人、批評家。『チャタレイ夫人の恋人』など、性愛をテーマにした作品が多く、『アポカリプス論』では黙示録をモチーフに、現代の「愛」について問うた。

康有為（一八五八〜一九二七）
中国・清末民初にかけての思想家、政治家、書家。西洋近代の政治について研究し、国家制度の改革を目指した中国近代化の先駆者として知られる。後に守旧派の弾圧を受け、日本に亡命。一九一一年の辛亥革命を機に中国に戻り、青島で最期を迎えた。

で威勢のいいことを言っているバカと同じですね。

呉　そうなんだ。言っていればなんとかなると思っているなら在特会と同じ。「朝鮮人死ね」と言うだけで、本気で朝鮮と闘おうとは思っていないんだから。

適菜　メディアの発達が社会を破壊するとキルケゴールが言っていますが、その最終的な姿がネットの掲示板や**SNS**、**ツイッター**だと思います。キルケゴールは近代というシステムの中で、人間はいろんな事件に直接コミットする機会を奪われ、傍観者、第三者としてしか存在できなくなると予言していた。まさに今の社会においては誰もがコメンテーターになっている。

呉　俺は**中川淳一郎**《なかがわじゅんいちろう》に注目している。彼はネットの現場で見ているからうんざりしているんだろうね。彼は**博報堂**にいて大衆を操作する側にいた。彼が面白いのは、外側の論理を持ってくるところだね。有名な学者や文学者に喧嘩を売るとしても、

『WiLL』
二〇〇四年に創刊した月刊誌。『週刊文春』元編集長の花田紀凱が創刊編集長を務め、右派系の論壇誌として知られる。

SNS
インターネット上で社会的ネットワークを構築する「ソーシャル・ネットワーキング・サービス」の略称。

ツイッター（現X）
百四十文字以内の短文を投稿する、インターネット上のコミュニケーションツール。二〇二三年に名称がX（エックス）に改められた。

中川淳一郎（一九七三〜）
ネットニュース編集者、PR

公的な場所でいい加減なことを書いてしまえば、未来永劫とは言わないけど、ずっと恥をかくという感覚は普通あるよな。でもネットでは、即時的な反応で無茶苦茶なことを書く。匿名だから完全にアノミーの状態になる。誰でも発言の重みが同じだということになれば、「俺でも言える」「俺も言いたい」となる。そこで自己顕示欲や自己満足みたいなものが否応なく出てくる。

適菜　ネットで一番強いのはバカですからね。バカは暇ですから。書籍の口コミサイトでも、本を読んでもいないようなのがコメントを書いてくる。本に書いていないことを捏造して批判したり。グルメの口コミサイトも、料理の写真をパシパシ携帯電話で撮るような奴が投稿しているわけです。きちんとした本読みの意見も、中学生がいたずらで書いたようなレビューも完全に等価になっている。それで、無茶苦茶なレビューが垂れ流

プランナー。博報堂、『テレビブロス』編集者を経て、現在は著述家。ニュースサイトの編集、コンサルティングを行った。著書に『ウェブはバカと暇人のもの』など。

博報堂
一八九五年に開業した、電通に次ぐ広告業界国内二位の広告代理店。二〇〇八年より、赤坂Ｂｉｚタワーに本社を構える。

し状態になっていたり、とんでもない料理屋がランキングの上位にきたりする。だから、ネットも匿名を止めたほうがいいと思います。犯罪の内部告発といったプラスの要素より、信頼関係の破壊といったマイナス要素のほうが大きいわけですから。

呉　それはネットに限らず、メディアの発達に応じて、ある種のフィルター、スクリーニングの作用がなくなってきているということ。それはまさしく大衆社会の現象だよ。

適菜　オルテガが『**大衆の反逆**』で指摘したのは、大衆の質が変わってきたということです。少し前までの大衆は自分が専門分野に口を出す資格がないということくらいはわきまえていた。かつてのデモクラシーは法や自由主義により制約を受けていたが、今はデモクラシーが暴走するようになった。大衆は、喫茶店での話題から得た結論を、実社会に強制することが正しいと思い込むようになった。これは歴史上類例を見ないことだ

『大衆の反逆』
哲学者・オルテガの代表作。現代の危機的状況を大衆の反逆という現象を通して指摘している。大衆の反逆とは「大衆が完全に社会的権力の座に上がったこと」であり、現代の特徴は、「凡俗な人間が、自分で凡俗であることを知りながら、敢然と凡俗であることの権利を主張する」と説いている。

と、オルテガは指摘しています。こうした超大衆社会においては、誰もが意見を述べ、誰もが社会に参加しようとする。「市民一人ひとりが声をあげていこう」というわけです。そこで大衆を動かすメディアが力を持つ。こうして近代は自滅に向かうのですね。

呉　「大衆」に似た言葉は、民衆とか庶民とかプロレタリアートとか勤労者とか国民とかあるけど、少なくともわれわれは庶民という言葉とは明らかに違う意味で使っているわけだよね。

適菜　もちろんそうです。オルテガが規定した大衆とは、貧乏人でもなければ庶民のことでもありません。身分の低い人のことでもない。まったく逆で、近代により身分社会が崩壊して、コミュニティーを失ってしまった人たちのことです。都市部に出てきてバラバラになってしまった個人が「大衆」。彼らは根無し草のように浮遊していて、近代イデオロギーに簡単に流されてしまう。

呉 大衆は本来仏教語の「だいしゅ」です。救われないもの、悟りに至ることができないものが大衆。それをどうするのかということで**大乗仏教**が出てくるわけ。近代における大衆は、適菜君が言ったような野放図で我儘《わがまま》で、無責任な人間。近代以前の場合、俺は「民衆」と区別しているけれども、当時の民衆は節操みたいなものがあった。それを全面的に信頼していいかどうかは疑問だけど、やはり庶民が培《つちか》っていた行動規範みたいなものはたしかにあったと思う。ネットは、昔の村落共同体が生きていたときの井戸端会議とは違うんだ。昭和三〇年頃、当時はラジオだったんだけど、ラジオのアナウンサーというかレポーターが録音機をもって井戸端会議に行くと、みんな照れて話さないんだよ。それで録音機がなくなると、またみんなワイワイガヤガヤやる。自分の言説の意味がわかっているんだ。とこ

大乗仏教
仏教を二分する流派のひとつ。インドからチベット、中国、日本などに伝播した。出家・在家を問わず信仰を認め、他者救済を重視している。

ろが、2ちゃんねるやブログは一億二千万人の人に発信しているつもりがなくても、そうなっている。

適菜　当時は井戸端会議が私的な空間であるという程度の常識はあった。今は全部垂れ流しです。公的な空間で井戸端会議が行われている。

呉　うん。今は大衆の意味合いが変わってきて、人類の代表であるかのように発言している。

適菜　それでバカが開き直るようになった。無知を誇り、病気を自慢する。橋下徹を政界に送り込んだ某漫才師は、テレビ番組を使ってバカ・ブームを生み出しました。

職人と大衆社会

適菜　池袋の某デパートのレストラン街が数年前にリニューア

ルしたんですけど、まずい回転鮨におばさんが五十人ぐらい並んでいるんです。二時間ぐらい並んでつまらないものを食べるわけですよ。つまり、近代大衆社会の病は辺境ではなくて、むしろ都心の最先端のレストラン街に現れるのだと。

呉　俺はそれに関して、適菜君と随分意見が違ったのね。そういういじましい大衆に関しては、俺はわりと同情的で（笑）。人間はそんなものだよ。人間は自分の生き方や美意識に対してそこまで倫理的に考えることはできないだろうと。

適菜　いや、回転鮨に行くことを批判しているわけではないですよ。でも、そこに二時間並ぶことは人間の尊厳の問題だと思う。

呉　まあ、そうなんだけど。中卒で集団就職で東京に来たような男が同じような境遇の彼女ができて、日曜日にデートするとなったときに、彼らの情報力と経済力を考えたら、回転鮨程度のものしかないわけだよ。それはわりと美しい話だと思うんだけど。その回転鮨に並んでいるおじさんやおばさんたちも、過去にそういう記憶があるんじゃないの（笑）。

適菜　安くて旨いならいいんですけど、高くてまずくてどうしようもないものが大衆社会ではもて囃《はや》されるわけです。これは回転鮨だけではなく、あらゆるもので。映画も音楽も政治もそうです。「安いものをありがたがって食いやがって、この貧乏人どもが、けっ」と言いたいわけではありません。先ほどのオルテガの定義で示したように、大衆とは貧乏人ではないわけですから。安くても一流のものはあるし、高くても三流のものはある。当たり前の話ですが。

呉　紫《むらさき》式部《しきぶ》が言うように、鰯《いわし》と鯛をくらべて鰯が劣っているわけではない。

適菜　「B級グルメ」は、安くてそこそこおいしいものを食べ

紫式部（生没年不詳）
平安時代中期の女性作家、歌人。越前守・藤原為時の娘で、中古三十六歌仙のひとり。『源氏物語』などで才を

ましょうということ。でも「B層グルメ」は、B層の習性を研究した上で、マーケティングにより構築されている。B層の琴線にふれるキーワードを出して、ロクでもないものを食わしているんですね。小泉純一郎に投票してしまったような奴らが、小泉純一郎みたいな料理を食って、「また食べたいね」なんて言っているわけです。これは人間性の破壊です。

呉　落語でも名人級もいればダメなのもいる。でもバカにしていたけど実はバカにできない奴もいてね。**綾小路《あやのこうじ》きみまろ**っていうでしょ。面白くないんだけど、あれをずっとやり続けるというのは、B層を狙うという高度な判断があるような気がするんだよね。綾小路はそれを自分の使命だと思っていると感じるんだけど、どう思う？

適菜　寄席に行くと落語の合間に独楽《こま》回しやっている芸人が、毎回同じ場所で間違えるんですよ。ああいうのは立派なことだ

認められ、上東門院（中宮彰子）に仕えたとされる。日記、歌集として『紫式部日記』『紫式部集』がある。

綾小路きみまろ（一九五〇〜）漫談家、タレント。一九七九年にデビューし、長い下積み期間を経て、二〇〇二年に漫談CDでブレイク。団塊世代の悲哀を織り交ぜた漫談で人気を博す。

と思う。

呉　**漱石**《そうせき》が褒めた**三代目小**《こ》**さん**もＮＨＫに音源が残っているんだけど、本当にうまい。永久欠番みたいにものすごい人は、日本にも十人や二十人はいるんだよ。そこまで成れなくても、二番手とは言わないけど、三番手、四番手ぐらいの能力があるなら、一般の人にふっと笑ってもらって、投げ銭をもらえる程度のことをやればいいと思う。

適菜　私はそう考えてますよ。芸以外のことをやるから、問題が発生するわけであって。たとえば、ものまね芸は、ものまね芸人がするべきなんです。でも、視聴者であるＢ層に媚《こ》びて、局アナやジャリタレがカラオケを歌ったり、中途半端なお笑いタレントがショートコントをやったりする。だからテレビは芸を破壊しているんです。

呉　それはそうだね。中途半端なことをしても、自分のために

夏目漱石（一八六七〜一九一六）
小説家、評論家、英文学者。三代目小さんの寄席に足繁く通い、小説『三四郎』のなかでも主人公に激賞させている。代表作に『吾輩は猫である』『坊っちゃん』『こゝろ』など。

三代目柳家小さん（一八五七〜一九三〇）
明治・大正期を代表する落語家のひとり。夏目漱石に「天才」と言わしめた話術とともに、四代目桂文吾から口伝された「らくだ」、また「うどんや」や「時そば」など、上方落語を東京に持ち込んだ。

も社会のためにもならない。結局テレビは、本来あった小さな価値のある芸を刈り込んで、つまらないものにしてしまった。

適菜　あらゆる職業人は職人であるべきです。芸人も料理人も政治家も同じですよ。

呉　大名の屋敷で天井画を描く芸術家ではなくても、普通の机や椅子をつくることは大事。自分の技術を生かしてお金をもらえばいいのだから。

適菜　先ほどのルーチン保守の話とつながるかどうかわからないですけど、落語も決まったオチがあるわけです。でも、そこで芸を見せなければならない。

呉　そういうことだよ。落語は落語全集を読めば終わりかといえばそうではない。噺家《はなしか》の工夫が面白いわけで。今、職人というキーワードが出てきたけど、これは非常に重要な概念です。職人がプラスの概念になったのは一九七〇年代以後なのね。それ以前はマイナスだった。明治になってからエリートは、学歴をつけたり士官学校に行けば偉くなれるというのが出てくる。反対に大学や士官学校に行けない奴は、職人として軽視されるようになった。たとえば娘が結婚するとなったら、相手が堅い勤め人なら「お前が選んだ人ならいいだろう」という話になるけど、職人だと親は嫌がるんだ。下層階級という感じがして。もう一方で、左翼知識人も職人を悪く言っていた。**関根弘**《せきねひろし》という**新日文**にいた詩人が、「職人はダメだ、芸術家はいい」と言うわけ。さらにそれをフランス語で言う。つまり「アルチザンはいけない、アルチストたれ」と言うわけだ。おフランス語でね。

適菜　嫌な野郎ですね。

呉　アルチザンは職人という意味だけど、彼らはルーチンワークをこなしているだけでそこに創造性はないし、資本家から頼

関根弘（一九二〇～一九九四）
詩人、評論家。工員、業界紙記者を経て詩人となり、戦後は一時、日本共産党員として活動した。「列島」「現代詩」など、左翼前衛詩運動を主導。

新日文
新日本文学会。終戦により、一九四五年に立ち上げられた日本の文学者による文化運動

まれればなんでもやる。自分の中に志がないと言いたいらしい。そういうふうに職人は貶《おとし》められてきたわけ。知識人の中で例外は戦前の**長谷川如是閑《はせがわにょぜかん》**。長谷川は「職人」という言葉が大好きで、「職人」という言葉を聞いただけで泣くんだって（笑）。これもパブロフの犬みたいな話だけど。

適菜　七〇年代に転換が発生したのはなぜなのでしょうか？

呉　わからない。高度成長は、七〇年の直前ぐらいまでだから、俺の大学生時代なんだよ。その頃に靴を買ったら、小さい店の売り子が、「これは職人が一本一本糸を通して」と言ったのを覚えている。この頃から変わったようだね。

適菜　かつての西欧では、大学に行かない奴は職人になったわけでしょう。徒弟制度で。日本でも職人制度は確立していたはずですが。

呉　おそらく近代の影響もあると思う。それ以前は、職人は卑《いや》

団体。創立発起人は蔵原惟人、中野重治、宮本百合子など。文芸誌『新日本文学』を発行。

長谷川如是閑（一八七五～一九六九）ジャーナリスト、評論家、作家。新聞『日本』を経て、大阪朝日新聞の社会部長を務めるが、一九一八年に起こった言論統制事件「白虹事件」で退社。翌年、政治学者の大山郁夫らと雑誌『我等』を創刊し、自由主義を訴えた。四八年に文化勲章を受章。著書に『現代国家批判』『日本ファシズム批判』など。

しめられるものでもなかった。高村光太郎《たかむらこうたろう》の親父の高村光雲《たかむらこううん》は彫り職人で『老猿《ろうえん》』を彫ったりしている。ああいうものも大名や町衆から注文を受けて彫るわけでしょう。高村光雲が自伝で書いていたのは、男は数えで十三歳くらいになったら、職業を自分で選ばなければいけないと。百姓の子は百姓だし、商人の子は商人だし、自分は何をやってもいいって言われるから、大工系の仕事をやりたいと。それで偶然、ある縁で彫り物のほうにいく。本当は家を建てるほうに行きたかったらしいけど。でも、それは非常に誇らしい仕事だった。

高村光太郎（一八八三～一九五六）
彫刻家、画家、詩人。彫刻家・高村光雲の長男として生まれ、一九〇六年よりニューヨーク、ロンドン、パリに留学し、西洋画などを学ぶ。彫刻作品に『裸婦座像』『手』など、詩集に『道程』『智恵子抄』など。

高村光雲（一八五二～一九三四）
仏師、彫刻家。廃仏毀釈などの影響で衰退した木彫の復権に尽力。日本における近代彫刻の祖として知られる。代表作に『老猿』、上野公園の『西郷隆盛像』など。

第二章

キリスト教と宗教の本質

宗教の起源

呉　俺は仏教の本（『**つぎはぎ仏教入門**』）を書いたときから、宗教の起源について考えていてね。神の起源を求めるときに、農耕神、太陽神、先祖信仰もあるけど、人間の心理に求める必要もある。人間がなぜ神を生み出したか。**マックス・ミュラー**という宗教学者は、人間は不完全であるから完全なものを求める心理作用があると言っている。今では批判も出ているけど、宗教学の祖と呼ばれている学者です。それまでは、宗教について考えるのは神学だから内部の論理だけだったけど、彼は外から考えるモーメントをつくった。彼は**サンスクリット**の研究をしていて、サンスクリットをさかのぼると**アーリア人**の言語につながるということから宗教を考えた。俺が面白いと思うの

『つぎはぎ仏教入門』　二〇一一年に筑摩書房から刊行された呉智英の著書。仏教の歴史からその思想的核心までを、わかりやすい言葉で書いた仏教入門書。

マックス・ミュラー（一八二三～一九〇〇）　ドイツに生まれ、のちにイギリスに帰化した東洋学者、言語学者。諸宗教の比較研究の重要性を説き、宗教学の祖となった。代表作（編纂）に『東方聖書（東方聖典）』（全五十巻）など。

は、宗教の起源を彼は人間心理に求めたところ。彼は、人間が「無限」を意識したときに宗教は生まれたと考えた。彼は、カントの『純粋理性批判』をはじめて英語に翻訳した人で、カントをきちんと読んでるわけね。人間の理性は無限や絶対という形而上学的なものを追い詰めようとする。カントの言い方では「物自体」ということなんだけど、それを追い詰めると必ず人間の思考が混乱して形而上学になる。だから、それを追うのは止めて、人間としての決断を考える。それがハイデッガーまでつながってくるわけだね。

適菜　そうですね。

呉　**落合仁司**《おちあいひとし》という神学研究者を知ってる？　本業は経済学なんだけど、俺から見るとトンデモ系なんだね。神の存在は数学的に証明できると言っている。**カントール**の**集合論**があるでしょ。簡単に言えば無限論だよね。それで彼は、神には矛盾して

サンスクリット
古代インドの標準的文章語。現在日常的に使用するものは少ないが、ヒンドゥー教、仏教などの諸宗教の礼拝用言語であり、その権威は依然として高い。インド憲法が認める二十二の公用語のひとつ。

アーリア人
古代インド北西部に居住し、牧畜を営んでいたとされる民族。使用していた言語がヨーロッパ諸民族の古語と類似していることから、今日の言語学における「インド・ヨーロッパ語族」の祖として考えられている。

落合仁司（一九五三〜）
経済学者、神学者。神を数学的に弁明しようとする「数理

いることがたくさんあると。たとえば**三位一体**は、神は一なんだけど三であり、三であって一である。これは人間には理解できない。それは、神は絶対無限の存在だからであると言うんだよ。

適菜　うーん、よくわかりませんね。

呉　数は無限にあると。また偶数も奇数も無限にある。だから全偶数と全奇数を足したら、二無限にならなければならないのに、無限はひとつであると。だから神が一にして三、三にして一であってもおかしくないという論証なんだよ。

適菜　それは神の定義の問題ですよね。「神は絶対無限の存在」というのもひとつの意見でしょう。単なる言葉遊びですよ。

呉　そもそも無限は数ではないんだよ。だから無限と無限を足しても二無限になるはずがない。でもこの落合という人が、変なことを書いて、無限や絶対ということに引き寄せられた気持

神学」を提唱している。

ゲオルク・カントール（一八四五～一九一八）ロシヤ出身のドイツの数学者。素朴集合論の確立者。数学の証明技法のひとつである「対角線論法」が有名。

集合論
集合と呼ばれる数学的対象を扱う数学理論。カントールの素朴的集合論と、それらのパラドックスを解消すべく生み出された公理的集合論に分けられる。

三位一体
キリスト教において「父」と「子」と「聖霊」が「一体（唯一の神）」であるとする教え。聖書に明記されてはいな

ちはわかるんだよ。人間存在は有限だけど、それは無限を前提にしている。つまり、人間は不完全なものだと言うけど、もともと、不完全が本来のあり方なんだね。

適菜　それと同じ言い方をしたのがニーチェだと思います。「人間には限界があるから普遍的真理をつかめない」という言い方は、普遍的真理の存在を前提としているということですね。でも、その認識できないはずの普遍的真理を語っているのは誰なのかと。つまり、人間の受動器官が生み出す世界、脳内現象としての「仮象《かしょう》の世界」こそが人間にとって唯一の世界であり、そこで「真理」と呼ばれているものが、真理であるということですね。現実世界の背後に「真の世界」が存在するという考え方は、プラトンに起因する迷妄《めいもう》だというわけです。

呉　ショーペンハウエルもそうだね。表象としての世界。

適菜　昔の人は世界という確固とした実体があって、そこに人

いが、キリスト教の教派の大半は、この教えを共有している。

間や犬や猫が住んでいるという世界観だった。でもニーチェは、犬は犬の世界に住んでいるし、猫は猫の世界に住んでいるし、人間は人間の世界に住んでいることを明らかにした。では、その世界を生み出す原理は何かということで「権力への意志」、つまり生存と欲望の話がでてくるのですね。

呉　エストニア出身の生物学者**ユクスキュル**もほぼ同じです。そういう意味では、色合いを変えながらドイツ系の思考方法は続いているね。

ニーチェとキリスト教

適菜　神というのはもともと矛盾する存在だったわけですよね。絶対ではなかった。ギリシャは多神教だったわけだし。ある神がいたらその反対の神様もいた。捨てる神あれば拾う神あ

ヤーコプ・フォン・ユクスキュル（一八六四〜一九四四）エストニア出身のドイツの生物学者、哲学者。すべての動物はそれぞれの知覚世界を持っているという「環世界説」を提唱した。

りで。唯一神教的な発想が出てきたのは、宗教の歴史から見れば例外だとニーチェは指摘していますね。

呉　その唯一神教的なものを求めるメンタリティーおよびそのメンタリティーが生み出す社会制度・文化についてはどう思う？

適菜　それがまさに近代の問題に重なると思います。ニーチェは、祭祀《さいし》のうちに民族の自己肯定の感情が表れると指摘しています。民族はその民族を優勢にした運命に感謝する。あるいは、農耕や畜産の成功に感謝する。だから民族の神は自然の神になる。太陽だったり雨だったり。民族の神の起源は自然に対する感謝であったり、先祖に対する畏敬の念や恐怖だったと。自信を持っている民族は、自分たちの誇りのために神を祀《まつ》る。その神とは民族の価値や美意識を投影したものなのですね。だから当然、矛盾もある。現実には矛盾が山ほどありますから。

その本来の神を歪めたのがユダヤ－キリスト教であるというのがニーチェの見取り図です。外部からの侵略を受けてユダヤ民族の希望が失われたときに、ユダヤ民族がやったのは神をつくりかえることだったと。こうして神は僧侶の道具になり、自然から切断された。

呉　つまりキリスト教は**パウロ教**だと。

適菜　そうですね。あらゆる具体的なものを切断して「徳」という抽象に取り込んだ。このカラクリを使って、人工的につくられたのがキリスト教です。中東のイエスの伝説を悪用したわけですね。その後、キリスト教が拡大していく中で、民間信仰や他の宗教を取り込んでいきます。だから、カトリックは唯一神教的ではないんですよ。マリア信仰を取り込んだり迷信や民間信仰の寄せ集めですから。

呉　**プロテスタント**のほうが原理主義だから唯一神教的になっ

パウロ教
使徒パウロによって解釈されたキリスト教。パウロはイエスの直弟子ではなく、イエスの死後信仰の道に入り、キリスト教の基礎をつくった。ちなみに、新約聖書の著者のひとりでもある。

プロテスタント
カトリック教会から分離し、特に福音主義を理念とするキリスト教諸教派。「プロテスタント」という総称は、ローマ・カトリック協会に「抗議」したことに由来している。

てくる。

適菜　そうです。**ルター**や**カルヴァン**の**宗教改革**はキリスト教の原理化です。今の原理主義の根本もプロテスタントです。彼らは、世俗化した教会を攻撃することにより、キリスト教のもっとも危険な本能を蘇《よみがえ》らせてしまった。ニーチェは「ルターはキリスト教が倒れた瞬間に再興した」と言っていますね。

呉　聖書をきちんと読むと、最初のほうはどう考えても一神教ではないよね。神がいて悪魔がいて、その周りに変な悪霊みたいなのがいて。それも神がつくっているわけだからすごく変な話。だから、人間が完全な存在を求めるというメンタリティーが何かをつくっている。それはパウロだけではなくて、**プラトン**的な物語の構造を持っている。

適菜　ニーチェは「キリスト教は世俗化された**プラトニズム**だ」と言いました。キリスト教はプラトンの構造を利用して、

マルティン・ルター（一四八三〜一五四六）
ドイツの宗教改革者。カトリック教会が発行した贖宥状を批判し、聖職者ではなく聖書をキリスト教信仰の唯一の源泉とする立場を取り、プロテスタント教会の源流をつくった。

ジャン・カルヴァン（一五〇九〜一五六四）
フランス出身の神学者。神による救済は、あらかじめ決まっているという「予定説」を

現実の背後に神を押し込んでしまったわけです。

呉　うん。だから西洋思想を批判的に見るときに、どうしても最後にプラトンの問題が出てくる。政治思想研究者の**佐々木《ささき》毅《たけし》**は「プラトンの呪縛」みたいな言い方をするけどさ。まずプラトン主義があって、それがキリスト教のダイナミックな物語性とうまく融合して、西洋人の世界をつくったという感じがする。それに対して適菜先生はどういう対抗策をお考えでしょうか？

適菜　私はニーチェに私淑《ししゅく》していたので反プラトンを推したいんですが。キリスト教的な世界観や近代の危険性を指摘する思想家・哲学者は、反プラトンの側面がありますね。私はプラトンの問題が前から気にかかっていて、**『いたこニーチェ』『脳内ニーチェ』**という小説を書いたんですけど、あれはプラトンの呪いが現代の日本にまで及んでいるという話なんです。プラト

提唱した。ルターらと並び宗教改革初期の指導的立場を担った。

宗教改革
一六世紀初め、ヨーロッパに起こったキリスト教と教会制度の革新運動。ルターの贖宥状批判をきっかけに、教皇位の世俗化や聖職者の堕落に対する信徒たちの不満が爆発し、最終的にはローマ・カトリックから分離してプロテスタントが生まれた。

プラトン（紀元前四二七〜紀元前三四七）
ギリシャの哲学者。ソクラテスの弟子、アリストテレスの師に当たる。「イデア論」をはじめ、西洋哲学の源流のひとつとされている。

ニズムがキリスト教の土壌になり、それが近代を生み出したということですね。豊かなギリシャ世界が、ソクラテス、プラトンによって歪められたというニーチェの歴史観には、かなり共感できる部分があった。

呉　一九世紀の終わりから二〇世紀にかけてキリスト教的文明に対する反発が出てきたけど、西洋人の葛藤や苦悩はどういう感じなんだろう。

適菜　保守主義も生の哲学もそうですね。キルケゴールはキリスト者だけど、教会を批判した。ゲーテも教会を批判するわけですよね。神という概念は、キリスト教という狭い枠の中に押し込められるようなものではないと。ゲーテは**スピノザ**を読んでいたようです。もちろん、ニーチェはゲーテの影響を強く受けています。

呉　日本の場合、せいぜい知識人が戦前軍部にどう抵抗したと

プラトニズム
プラトンの哲学に大きな影響を受けた哲学体系。知覚の対象であるが思惟の対象ではない実在と、思惟の対象であるが知覚の対象ではない実在を区別する、プラトンの実在論をベースにしている。

佐々木毅（一九四二〜）
政治学者。代表作に『政治学講義』『プラトンの呪縛』など。第二十七代東京大学総長を務めた。

『いたこニーチェ』
うだつのあがらないサラリーマン吉田の前に、ある日突然哲学者ニーチェがいたこに乗り移って現れた——という小説形式で書かれた適菜収による二ーチェ入門書。

かさ、それはそれで大変だっただろうけど、構造としてはわかりやすい。でも西洋文明の骨がらみの良心にかかわる問題にどう抵抗しているのかというのが、ねぇ。江戸期も、**朱子学**が公認のイデオロギーと言われているけど、それほど強固なものではなく、適当にお稲荷さんを拝んでたりといった感覚もあった。

適菜　今の日本ではキリスト教に対しては反発もなければ、逆に認めるという感じでもないですよね。過去には禁止された時期もありますが。単純に考えれば日本は多神教文化だからです。一方、韓国はキリスト教に侵された。

呉　韓国はなぜあんなにキリスト教文化なのかというと、ひとつ言われているのは儒教文化の影響だと。**天主教**というぐらいだから、「天」をキリストと入れ替えただけだと。わかりやすいけど、他の儒教国はどうなのかという話もあるし。日本の場

『**脳内ニーチェ**』
震災後の日本に降りて来た哲学者ニーチェが、現代日本の抱える問題を読み解く、適菜収による小説形式のニーチェ解説書。シリーズ第二弾。

バルフ・デ・スピノザ（一六三二～一六七七）
オランダの哲学者、神学者。すべての物体や概念・法則は神の顕現であり神性を持つとする「汎神論」を説いた。著書に『国家論』『エチカ』など。

合はあくまでも外来文化でしょう。その分、憧憬《しょうけい》も込められている。ポルノだと尼僧院の女を犯したり、クリスチャンの学校に行っている女子学生を犯したりというのが定番だし。でも、仏教系の女子高生を犯すポルノとかあまり聞いたことがない（笑）。性欲は憧憬の方向に向かうから。

適菜　仏教系の女子高生って、どんな格好をしているかわからない部分がありますね。

呉　でもキリスト教系の女子高生もキリスト教の格好をしているわけではないし。普通のセーラー服を着ているわけだから。

適菜　コスプレつくったらどうなるんですかね。袈裟《けさ》を着るんですか。

呉　ははは。袈裟は着ないだろ。仏教系なら頭くりくりの尼を犯す。でも、これはちょっと別枠の特殊な好みの問題になってくるな。

朱子学
南宋の朱熹によって再構築された儒教の学問体系。日本においては鎌倉時代に学僧の基礎研究として広まり、江戸時代には幕藩体制の基礎理念として再興され、幕府の正学となった。

天主教
中国におけるイエズス会を中心とした旧教（ローマ・カトリック）の総称。「天主」とはラテン語の「デウス」の漢訳で、キリスト教における「神」のこと。

適菜　瀬戸内寂聴《せとうちじゃくちょう》みたいな。

呉　こらこら（笑）。あれはまたさらに別枠の好みでさ。熟女物の尼になる。でも、人生相談をやっている三十代の美人の尼さんだったら、くりくりの頭がいいという層もいるかもしれない。

適菜　実証的な研究は難しいかもしれないですね。

呉　まあ、どうやって研究したらいいかだよな。そんなアホな実証研究している人もいないし（笑）。

キリスト教はなぜ世界を支配できたのか？

呉　小室直樹《こむろなおき》はだいぶ前に、テレビ番組で一緒になった。わりといい人なんだよ。俺が、**カール・シュミット**について話したら、「君はよく勉強しているね」なんて褒めてくれたりして

瀬戸内寂聴（一九二二～二〇二一）
小説家。五十一歳のときに出家し、天台宗の尼僧となる。代表作に『夏の終り』『場所』など。京都に自らの寺院「寂庵」を構えながら、小説の執筆、講演活動、そしてテレビ出演など幅広い分野で活躍した。

小室直樹（一九三二～二〇一〇）
経済学、法学、法社会学など幅広い領域で活躍した学者。所属や年齢、専攻にこだわらない自主ゼミを東京大学で開講。代表作に『危機の構造』など。

さ。政治について語るなら、シュミットくらい誰でも読んでいると思うんだけど。**副島隆彦**《そえじまたかひこ》君は小室に二、三回破門されている。それでも、**吉本隆明**《よしもとたかあき》と小室の両方の弟子だった。**宮台真司**《みやだいしんじ》も**橋爪大三郎**《はしづめだいさぶろう》もそうなんだよね。俺、橋爪に一回聞いたことがあるんだ。小室のところに行くのはいいとして、あなたは共和主義者で天皇制に対して批判的ではないか。天皇制を支持する小室のところになぜ行くのかと。彼は「天皇主義者であることと理論体系は別だから、そこは冷静に見ている」とのこと。

適菜　私は一度だけパーティー会場で小室に挨拶をしたことがあります。毛糸のチョッキを着ていて、やさしそうなおじいちゃんでした。小室が『「天皇」の原理』という本を書いているのですが、そこではユダヤ教、仏教、儒教の説明を通じて理論的に天皇が神であるという結論を出している。そのまま全部受け入れるつもりもありませんが、橋爪が「理論体系は別だ」と

カール・シュミット（一八八八～一九八五）
ドイツの法学者、政治学者。ワイマール政権下の議会制民主主義、自由主義を批判し、全体主義的国家・政治観を主張。ナチスの法学理論を支えることになった。

副島隆彦（一九五三～）
評論家。「副島国家戦略研究所」主宰。学生時代は、小室直樹、吉本隆明などに師事。現在は、現代政治思想研究をはじめ政治・経済の分野で執筆、評論活動を行っている。

吉本隆明（一九二四～二〇一二）
詩人、評論家。一九五〇年代より長きにわたって評論活動を続けた。著書に『言語にと

言うのは変だと思う。

呉　副島君が**陰謀論**に行くというのも、**宮崎哲弥**《みやざきてつや》君に言わせると陰謀論は左翼に特徴的とのこと。つまり、世界が動いている秘密があって、その秘密をつかんでいる集団があるという発想において、陰謀論と左翼理論はつながると。俺もそうかなと思った。小室直樹も吉本隆明も正統派には認められていない異端でしょう。でも、だから何か秘密をつかんでいるはずで、そこに接近しようとする行動はわからないでもない。

適菜　左翼は歴史を説明する原理があると思い込んでいる。それで、**ヘーゲル**、マルクス的な思考に接近していく。左翼と陰謀論の親和性はそこにある。

呉　三一三年の**ミラノ勅令**の頃から、それまでキリスト教を信じると火あぶりで殺されていたのが、今度はキリスト教を信じないと火あぶりで殺されるようになった。こんな大逆転は歴史

って美とは何か』『共同幻想論』など。

宮台真司（一九五九〜）
社会学者。学生時代は、廣松渉、小室直樹、見田宗介などに師事。援助交際やオウム事件を論じて注目を集めた。著書に『制服少女たちの選択』『終わりなき日常を生きろ』など。

橋爪大三郎（一九四八〜）
社会学者。言語を社会活動の根幹に位置づける言語派社会学を展開。言語、社会、哲学、宗教など幅広い分野の著書を執筆。著書に『はじめての構造主義』『性愛論』など。

陰謀論
ある出来事について、広く

上珍しい。俺はそれが不思議で、橋爪に聞いたことがある。橋爪が強調したのが、ローマにおいては**実定法**に従うものは、個人の内面を問わず社会の良民として認めるという考えがその頃にできたと。それを守っている以上、キリスト者であっても社会は受け入れるようになったというのが橋爪説。だけど俺はそれについてもまだ納得はできてないんだよね。

適菜　たしかに説明になっていませんね。**ウェーバー**はカルヴァンの**予定説**が世俗内禁欲となって、資本主義の原動力になり、近代社会のルールを準備したと言っている。このあたりは、小室も重視しています。そして、「すべての社会の歴史は階級闘争の歴史」というマルクスの中にも予定説を見出す。**バートランド・ラッセル**も、マルクス主義は変換された**カルヴァニズム**だと言っていると。

呉　そのあたりはよくわかるんだけどね。橋爪は近代主義者だ

人々に認められている事実や背景とは別に、何らかの陰謀や策謀があるとする考え方。

宮崎哲弥（一九六二〜）
評論家、コメンテーター。政治、宗教、サブカルチャーなど、幅広い分野で評論活動を行っている。

ゲオルク・ヴィルヘルム・フリードリヒ・ヘーゲル（一七七〇〜一八三一）
ドイツの哲学者。ドイツ観念論の代表的な思想家。弁証法哲学の業績のほか、『法の哲学』により、近代国家の理論的基礎づけをした。

ミラノ勅令
三一三年に帝政ローマ中期の皇帝コンスタンティヌス一世

から、法秩序の意義を強調するわけだけど、キリスト教の力関係の転換がどこで発生したかという問題に答えていない。俺はこれはいくら調べてもわからないような、宗教的信念、宗教的言説が広がる秘密があると思う。それがなんなのかは結局よくわからない。橋爪は冷静な人間だから、そういう不条理なモーメントに注目しないんだよね。小室の『週刊プレイボーイ』の連載はよかった（『痛快！憲法学』）。ウェーバーの**カルヴァン論**もきちんとやっていて。まあ、ウェーバーが正しいかどうかは別としてね。

適菜　はい。

呉　でもさ、俺はちょっと納得しがたい。予定説が言うように、神が救う奴と救わない奴をすでに決めているなら、俺なら好き勝手する。そこで禁欲的になるのはわからない。ある信頼できる友人は「それはおまえが宗教がわかっていないからだ」

とリキニウスが連名で発布したとされる勅令。それまで弾圧して来たキリスト教をはじめ、全帝国民の信教の自由を保障したとされる。

実定法
立法機関による制定、裁判所の判例などによってつくり出され、一定の社会内で実効的に行われている法。倫理や道徳など人間や事物の本性を基礎とする「自然法」と対立する概念である。

と言ったけどさ。つまりそれは、**親鸞**《しんらん》における**本願誇**《ほんがんぼこ》**り**（造悪論）と同じで、「**阿弥陀**《あみだ》**様**が救ってくれるから放火でも強姦でも殺戮《さつりく》でもなんでもやるぜ」となる。親鸞は、弟子の**唯円**《ゆいえん》に「今から千人殺してこいと言ったら殺すか？」と聞く。「いや、一人さえ殺せません」。「そうだろう。機縁がなければ人間は殺さないんだ」と言う。でも、それは詭弁《きべん》でね。「殺してきます」と言っちゃったらどうなるのか。小室が言うには、予定説ではすべてが決定されており、神だけが誰を救うのかを決めている。そこで人間が、少しぐらいいいことをしようがしまいが、神は全部お見通しであると。だからその中でも、神の御心はわからないけど、まじめにやればいいほうに行くかもしれないと。無駄遣いをしないで蓄財するのが、世俗内禁欲だと言うんだけど、そんなこと言っても、神が誰を救うのかを決定しているんだから蓄財しないでカネを使うだろうね。

マックス・ウェーバー（一八六四～一九二〇）ドイツの社会学者、経済学者。西欧近代の文明の根本的な原理を「合理性」にあると考え、近代資本主義の成立を論じた。代表作は『プロテスタンティズムの倫理と資本主義の精神』。

予定説
カルヴァンによって提唱されたキリスト教の神学思想。神による救済とは、人の意志や能力によって決まるのではな

適菜　小室が言っているのは、予定説を根本まで突き詰めれば、善行も何も関係なくなるということですね。よいことをすればよい結果につながるというのは仏教的な因果律。予定説は逆因果律で、天地創造以前に救われる人間は神により一方的に決められている。だから、善行や悪事により神の判断が変わると考えるのは、向こう側の人間にとっては人間のさかしらなんですね。カルヴァンよりずっと前に**ウィクリフ**が予定説を説いていて、そこではもっと原理的にキリスト教の中に救済されるものと救済されないものがあることを説いていた。**浄土宗**が念仏を唱えればいいだけなのに対し、キリスト教原理主義では、イエスの物語を事実と信じる必要がある。だから、その範囲内における救済なんですね。

く、神の自由な「恵みの選抜」によってあらかじめ決められていると説いた。

バートランド・ラッセル（一八七二～一九七〇）
イギリスの哲学者、論理学者、数学者、貴族。論理学や哲学の分野で多彩な書物を執筆。一九五〇年にはその功績を称えてノーベル文学賞を授与された。

カルヴァニズム
宗教改革の指導者カルヴァンの思想に大きな影響を受けた一連の考え方。改革派教会の教理と実践を目指した。

カルヴァン論
ウェーバーが『プロテスタンティズムの倫理と資本主義の

パウロ教と辻邦生

呉　キリスト教はミラノ勅令で公認された。その三百年ほど前に、**大ローマ帝国**の属領、少数民族ユダヤ人のところで変な新興宗教（キリスト教）が発生する。ローマ人は当然これを弾圧するわけだよ。キリスト教徒はライオンに食われたり、火あぶりにされた。ところがそれから三百年ほど経つと、今度はキリスト教を信じないと火あぶりになるようになった。これは本当に不思議だよね。キリスト教は武器もないのに、単に勝つだけでなく、権力者になって、これまでの敵を火あぶりにした。

適菜　キリスト教がローマの為政者のための宗教になったと。

呉　あれがパウロ教であることは事実だけど、そこでキリスト教が勝ったことが不思議なんだ。だってパウロ教の段階でも弾

精神』で展開した、西洋近代の資本主義を発展させた原動力は、カルヴァニズムにおける宗教倫理から産み出された世俗内禁欲と生活合理化であるという考え方。

親鸞（一一七三～一二六二）鎌倉時代の日本の僧。浄土真宗の宗祖。阿弥陀如来の本願によって与えられた名号「南無阿弥陀仏」をそのまま信受することによって、臨終を待たずに浄土へ往生することが決定すると説いた。

圧されていたんだから。適菜君が言うように換骨奪胎《かんこつだったい》されたとしても、どうやって寄生獣になりえたのか。

適菜　キリスト教が人工物だからではないでしょうか。先ほども言いましたが、本来の神は自然や歴史と結びついていた。でも、キリスト教はあらゆる具体的なものを切断したから、世界宗教化した。

呉　賤民こそが選民であると。**ルサンチマン**の力を利用したわけですね。

適菜　意識の変革により、唯一神教的な発想がユダヤから生まれてくるわけですが、この原理の強さをパウロが利用したとしても不思議ではありません。パウロは「神は愚かな者を選ぶ」と言っていますが、世の中には利口よりバカのほうが多いのですから。それに旧約聖書もそのままキリスト教の聖典として継承した。

呉　それはもっともだけど、その論理で勝ったのはキリスト教

本願誇り
阿弥陀如来の本願は、悪人を救うという教えにあまえて、罪業を恐れない間違った信心のこと。

阿弥陀様
阿弥陀如来のこと。大乗仏教の如来のひとつ。浄土真宗においては、阿弥陀如来一仏を本尊として、阿弥陀如来の本願力に帰依することをその中心教義としている。

唯円（生没年未詳）
鎌倉時代の浄土真宗の僧。親鸞の晩年になってからの弟子で直弟子のひとり。親鸞の教えを書いた仏教書『歎異抄』の作者と考えられている。

だけ。民衆の中の愚かで、無知で、下層の者こそ素晴らしいという論理で、キリスト教だけが弾圧をはねのけて完全に勝利している。たしかに**浄土真宗**は幕藩体制に組み込まれて勝利したけど、キリスト教ほど世俗権力を掌握することはなかった。本願寺も天皇との姻戚関係があったけど、強固な世界帝国をつくるまでは行かなかった。俺はなんでキリスト教なんてものが理屈だけで強固な求心力を持ったのかがわからない。

適菜　組み込まれる過程で内容は変わっているわけですよね。「キリスト教」という外箱は同じですが。

呉　マルクス主義がこれだけ力を持ったのも、キリスト教の亜種としての側面がある。ニーチェには先見の明があった。橋爪は、ローマは法によって統治されたことを強調していて、その普遍性みたいなものを利用して、地位を固めていったと言っている。でも、俺は懐疑的だね。ローマ帝国でキリスト教が力を

ジョン・ウィクリフ（一三三〇頃～一三八四）
イギリスの神学者。当時イングランドにおいて絶対的権力を持っていたローマ・カトリックの教義に対して「聖書から離れすぎている」と真っ向から批判した。宗教改革の先駆者のひとり。

浄土宗
日本の仏教宗旨のひとつで、法然を開祖とする。阿弥陀如来を本尊とし、専修念仏を中心的な教義としている。親鸞が開祖となる浄土真宗は、法然の教えを継承発展させたものである。

大ローマ帝国
紀元前八世紀ころイタリア半島の都市国家として誕生し、

持ってきたから、これを手なずけるために手を結んだら乗っ取られてしまった。それに抵抗したのが**ユリアヌス**だという話がある。これを小説にしたのが、**辻邦生**《つじくにお》の『背教者ユリアヌス』。だけど、あれはただの恋愛小説なんだよ。このままではローマ帝国が異教徒であるキリスト教徒に占領されてしまうと悩んでいる。そこに旅芸人の娘が現れるというただの恋愛話。全然面白くない。少女マンガみたいでね。そんなものが毎日芸術賞を取った。

適菜　辻邦生は鮨が好きなんですよ。

呉　よく知っているな、そんなこと（笑）。

適菜　昔、「**きよ田**」という鮨屋が銀座にあって、辻邦生や**青**《あお》**山二郎**《やまじろう》、**小林秀雄**《こばやしひでお》、帝国ホテルの**犬丸一郎**《いぬまるいちろう》といった、文化人、財界人が通っていた。辻は高輪《たかなわ》に住んでいて、多いときは年間百回くらいそこで食事をしていたらしい。そこで新津武昭《にいつたけあき》

やがて地中海にまたがる領域国家となったローマの帝政期をあらわす。一般には「ローマ帝国」と称されるが、東西分裂前を「大ローマ帝国」と呼ぶこともある。

ルサンチマン
主に強者に対しての、弱い者の怨恨、憎悪、非難の感情。デンマークの思想家、キルケゴールによって確立された哲学上の概念で、のちにニーチェの著書『道徳の系譜』で掘り下げられた。

浄土真宗
鎌倉時代の僧、親鸞を開祖とする浄土宗の分派。浄土真宗本願寺派は、日本における最大の仏教宗派である。僧侶に肉食妻帯が許されるなど無戒

という鮨職人が鮨を握っていたのですが、あるときいきなり店を閉じてしまう。そしてしばらくしたら同じ場所に、きよ田という鮨屋ができたんです。でも、そこで握っているのは、前のきよ田とはなんの関係もない千葉かどこかの鮨職人なんですよ。

呉　名乗ってるだけの、完全な別人なの？

適菜　『ひかない魚』という新津武昭のインタビューがあるのですが、きよ田があった場所を買った人から「店名をそのまま使って同じ場所で鮨屋を始める」と書かれた挨拶状が、いきなり常連に送られてきたと。先ほどのキリスト教の話もそうですが、まったく違うものが営業しているということもありえますよね。名前と住所が一緒だとしてもイエスとパウロはまったく方向が違うわけで。辻邦生はそこに通っていたから……。

呉　わはは、そこからヒントを得て、『背教者ユリアヌス』を

である点が特徴。

フラウィウス・クラウディウス・ユリアヌス（三三一／三三二～三六三）
ローマ帝国の皇帝。キリスト教への優遇政策を廃止し、「異端」とされていた者に恩教を与えたため、キリスト教側から「背教者」と呼ばれた。

辻邦生（一九二五～一九九九）
小説家、フランス文学者。フランス留学から帰国後、『安土往還記』『背教者ユリアヌス』など、独自の歴史小説を次々と発表。一九九五年、『西行花伝』で谷崎潤一郎賞を受賞。

書いたと。その珍説は『文藝春秋』には書かないほうがいいよ。

適菜　いや、きよ田が閉まる前に辻邦生は死んでいますから。

歴史を変えた殉教者

呉　俺は中学のときに**ドイル**の『緋色の研究』を読んで、**モルモン教**が怖くなった。一九世紀の終わり頃のドイルたちにとって、モルモン教は完全なオカルトだったんだな。ヨーロッパのキリスト教傍流派が、生きていけなくなってアメリカに渡ってくる。カトリックはひとつだけど、その人たちは一人一党でたくさんいる。モルモン教もそんな感じだね。彼らには聖書のほかにモルモン教典というのが別にある。天使から与えられた石板が発掘されたと言いながら、今まで一度も公開されてないん

きよ田
東京銀座の高級鮨屋。白洲次郎・正子夫妻をはじめ、昭和の文化人、財界人がこぞって通った。

青山二郎（一九〇一〜一九七九）
装丁家、美術評論家。骨董鑑定において天才的な眼力を持った。青山のもとには、小林秀雄、中原中也、三好達治、北大路魯山人、白洲正子など、昭和を代表する文学者、芸術家たちが日夜集った。

小林秀雄（一九〇二〜一九八三）
文芸評論家。近代日本の文芸評論の確立者であり、保守文化人の代表的な存在であった。著書に『無常といふ事』

だよ。そんなバカなことを言っているからヨーロッパでは危険思想として嫌悪される。アメリカでも同じで、ニューヨークやボストンの東海岸で広まって、危険視されたので、アメリカ大陸を横断して、**ソルトレイクシティ**に行きつく。何もないような場所に、幌《ほろ》馬車で移動していくんだよ。

適菜　砂漠の開拓や入植をはじめ、最終的にユタ州をつくってしまう。

呉　すごいのは、移動の途中、山の中で食糧がなくなると、そこにまず種をまいて収穫してから移動を再開する。こういう普通じゃない話って、俺好きなの。それが歴史を動かしているのかもしれないのね。**『戦闘技術の歴史』**という面白い本があって、その古代編に**ハンニバル**の話がある。ハンニバルがカルタゴからスペインに渡って、冬のピレネーとかアルプスを越えてローマを襲撃する。そのハンニバルの執念に感動するのと同時

『私の人生観』『モオツァルト』など。

犬丸一郎（一九二六〜二〇二〇）
実業家。帝国ホテルの社長を務めた犬丸徹三の長男であり、自身も一九四九年に入社、八六年より社長に就任した。

アーサー・コナン・ドイル（一八五九〜一九三〇）
イギリスの小説家、医師。『シャーロック・ホームズ』シリーズの作者として世界中に知られる。

モルモン教
末日聖徒イエス・キリスト教会の通称。一八三〇年、ジョセフ・スミス・ジュニアによ

に、ローマもすごい騎馬軍団を持っているわけだよ。馬もよく訓練されているんだけど、あるとき、山の上に見たこともない鼻と耳のでかい巨大な動物がいて、馬は、仰天して乱れるように逃げていく。感動するし笑えるし。歴史の本はこういう瞬間が楽しいね。こんなバカなことがこの世にあるのかと感心してしまう。

適菜　殉教者精神も傍《はた》から見れば滑稽なものですからね。本人たちは真面目なんでしょうけど。

呉　俺は、笑いと涙、感動と軽蔑の融合が、歴史の中で重要だと思っていてね。歴史書の『**春秋**』の解釈書『公羊伝《くようでん》』の最後は「獲麟《かくりん》」という。麟は麒麟《きりん》だよね、麒麟は聖なる獣で、これが現れたときには、聖なる天子が現れるとされていた。あるとき天子が巻き狩りをしていると、見たことがない動物が現れる。弓矢を射てそれを捕まえて、天下の博識である**孔子**《こうし》に見せ

って立ちあげられたキリスト教系の新宗教。聖書の他に、ジョセフ・スミス・ジュニアが掘り起こしたという「モルモン経典」を聖典に持ち、三位一体を否定するなど、他の宗派と異なる教義を持つ。

ソルトレイクシティ
アメリカ合衆国ユタ州の州都であり、同州最大の都市。末日聖徒イエス・キリスト教会（モルモン教）が築いた宗教都市であり、その本部が置かれていることでも有名。二〇〇二年に、冬季オリンピックを開催した。

『戦闘技術の歴史』
古代から近代にいたるまで、さまざまな戦いの歴史と戦術、兵器などをカラーイラス

ると、孔子がハラハラ涙を流して、これは麟であると言う。「麟よ、なぜこんな乱れた世の中にお前は現れたんだ。本来聖なる天子の御代《みよ》に現れるべきではないか」と。孔子は自分の運命と重ね合わせているんだね。これを聞いて周りの人達も粛然とするという獲麟の章で終わっているわけ。でも、俺はその珍しい獣って単なる鹿の奇形だと思う。というより、普通誰でもそう思うよ。それを天下の博識の孔子に聞いたりして、単なる奇形動物が歴史を変えてしまうこともある。このバカバカしさこそが歴史だなと思ってね。

矢野顕子とハルマゲドン

呉　千年王国論は、人間の心理の中にビルトインされてる。俺が大学を卒業して、バイトをやりながら本を濫読していた一九

トや図版とともに詳細に解説した書物。『古代編』『中世編』『近世編』『ナポレオンの時代編』『東洋編』の全五巻。

ハンニバル・バルカ（紀元前二四七～紀元前一八三／一八二）古代都市国家、カルタゴの将軍。第二次ポエニ戦争を開始した人物とされており、カルタゴが滅びたあとも、「ローマ史上最強の敵」として後世に語り継がれた。敵を驚かせるため、戦いの訓練を受けた象「戦象」を用いたとされる。

『春秋』　中国の時代区分で「春秋時代」にあたる時期に起こった出来事を、魯国の年次によっ

七三年頃、**エホバの証人**（ものみの塔）は、あちこちで勧誘活動をしていた。俺は興味があって、本部まで行って本を買った。七二、三年頃に、彼らがしきりに活動をしていた理由は、一九七四年に世界が終末を迎えると信じていたからね。彼らは聖書の記述だけで歴史をいろいろ説明するんだけど、化石の存在自体は否定しない。地球の誕生が何千万年前であるというのは嘘で、化石は三千年か四千年前にできたものだと言い張ったりする。それが面白くてね。月刊誌も出していたけど、これも感動的だった。文革最中の支那に秘密ミッションを送り込むとか、感動的な話ばかり。

適菜　陰謀論は面白いですね。実際、いろいろな陰謀は存在するのですが、陰謀論者は思考回路がおかしい。最初に結論があって、そこからすべてを説明しようとする。「世界をわかりやすく理解したい」という欲望、あるいは「世界はわかりやすく

て記録した編年体の歴史書。儒教においては、孔子の手が加わったものと見なされ、その聖典である経書（五経）のひとつに数えられている。『公羊伝』は『春秋』の注釈書であり、「左氏伝」「穀梁伝」と並ぶ「春秋三伝」のひとつ。

孔子（紀元前五五二〜紀元前四七九）
春秋時代の中国の思想家、哲学者。儒家の始祖。周末の魯国に生まれながら、周初への復古を理想として、身分制秩序の再編と仁道政治を説いた。孔子の弟子たちはやがて教団をつくり、戦国時代には儒家となって諸子百家の一家をなした。孔子と弟子たちの語録は『論語』としてまとめ

理解できるはずだ」という妄想が、陰謀論の土壌になっている。

呉　その上で彼らの苦闘が面白いのよ。エホバの側は予言が外れるたびに計算式が間違っていたなどと弁明する。一九七四年のハルマゲドン説が当たらなかったので、勧誘の人にどうなったのと聞いたら、「たしかにハルマゲドンは来た」という。ただし、以前はハルマゲドンは一瞬のことだと理解していたけど、長期間にわたり、神の軍隊と悪魔の軍隊の戦いがあるというんだよ。その証拠として火山が噴火したり、地震があったりすると。

適菜　某陰謀論者と話をしたことがあるのですが、彼は「たとえ荒唐無稽なものでも、たくさん予言しておけばどれかは当たるんですよ。それで、当たったものだけ、予言が的中したと宣伝すればいいいんです」と言っていた。昔、青森市のビジネスホ

られている。

千年王国論
キリスト教終末論のひとつ。神が直接地上を支配する「千年王国」がやがてやってくるとする考え方。それまでに悔い改めよと説く。

エホバの証人
一八八四年、チャールズ・テイズ・ラッセルによって立ちあげられたキリスト教系の新宗教。三位一体を否定し、エホバ神を唯一神として崇拝する。神が任命したイエス・キリストが統治する「神の王国」が実現するのを待っている。輸血拒否や兵役義務の拒否などのタブーを持つことも有名。

テルで教えてもらったバーに行ったら、**矢野顕子**《やのあきこ》のCDが飾ってあったので、バーテンダーに「矢野顕子が好きなんですか？」と訊いたら、「私は矢野顕子の弟です」と。偶然なのですが、その後音楽の話で盛り上がり、向こうも気を許したらしくて、いろいろ言ってくるんですよ。「**坂本龍一**《さかもとりゅういち》はエホバを理解していない」とか。エホバの話聞きながら酒飲みたくないし、そもそもキリスト教自体を愛好していないし。

呉　エホバの証人は輸血を拒否する。聖書に、血は食ってはいけないとあるから。**ユダヤ教**やイスラームと同じで、羊の首を切って血を出してから食う。その風習の論拠がユダヤ教にある。血は命であるから食ってはいけない。だから、輸血拒否は他人の血を自分の中に摂取してはいけないという論理だね。そのエホバの証人の月刊誌には、読者と教会との一問一答が載っていて、「肉を買ってきたら、経木《きょうぎ》に血がついていた。これは

矢野顕子（一九五五〜）　シンガーソングライター。一九七二年頃よりセッションメンバーとして活動を始め、七六年、アルバム『JAPANESE GIRL』でソロデビュー。八二年に坂本龍一と結婚（のちに離婚）。

坂本龍一（一九五二〜二〇二三）　ミュージシャン。細野晴臣、高橋幸宏と「イエロー・マジック・オーケストラ」を結成、テクノ・ミュージックの代表的な存在となる。映画『ラストエンペラー』で、アカデミー賞作曲賞を受賞。

ユダヤ教　ユダヤ人の宗教。古代イスラエル民族の宗教を受け継ぐも

ダメですか?」という質問があった。答えが「少しならよろしい」と。そういう問題かよ（笑）。

適菜　ははは。剣道や柔道の授業も拒否するので、履修できずに留年になり裁判になったこともある。

呉　鱗《うろこ》がない水棲生物は食べてはいけないという律法があるから、敬虔《けいけん》なユダヤ教徒はイカやエビを食わない。それで読者が「私は鰻《うなぎ》が好物だけど、鰻は鱗がないから食べてはダメでしょうか?」と。すると、教団は、「たしかに鰻は旨い。あなたの質問はもっともだ。だが、きちんと聖書を読みなさい。皮に鱗がないものは食べてはいけないと書いてある。だから皮をよけて食べなさい」。身は食っていいんだって（笑）。

適菜　ほとんど一休さんの世界。「この橋渡るべからず」と書いてあったら、本当は渡ってはいけないんですけどね。

呉　原理主義は、原理を整合させていく論理操作が面白い。信

ので、モーセの律法に基づき、唯一の神ヤハウェを信仰。キリスト教はユダヤ教から派生した。

者にとっては必死の問題なんだろうけど。それで、日本でも**『扶《ふ》桑《そう》略《りゃっ》記《き》』**に出てくるような千年王国論があったり、支那には儒教的千年王国論があってさ。**讖緯説**《しんいせつ》って言うんだけど。伝播したのか、独立発生したのかはわからないけど、**ネストリウス派**の影響やアフガンあたりの奥地で発生した可能性もある。だから、中東の宗教の影響力は強いよね。仏教でも阿弥陀教はキリスト教の影響と言われているし。

今なぜ荘子思想なのか？

呉　俺は伝統主義者だと言われれば伝統主義者なんだけど、それは、たかだか千年、二千年ではなくてね、二百万年前の**アウストラロピテクス**からの伝統って言っているんだ。人類は十万年ぐらい前には、たぶん今と同じようなことを考えていたと思

『扶桑略記』
平安時代の私撰歴史書。神武天皇から堀河天皇までの国史が編年体で書かれている。総合的な日本仏教文化史であるとともに六国史の抄本的な役割を担う書物として、後世の識者に重宝された。

讖緯説
中国漢代以後に行われた神秘説。讖（未来を予言した書）と緯（経書を神秘的に解釈した書）を中心に五行説もあわせ、自然界の現象によって人事百般を予測した。日本には飛鳥時代ごろに伝わり、陰陽道に影響を与えたとされる。

ネストリウス派
古代キリスト教の教派のひとつ。コンスタンティノポリス

う。でもその段階では会話言語はあっても記録言語がない。

適菜　エジプトのヒエログリフ、メソポタミアの楔形《くさびがた》文字、中国の甲骨《こうこつ》文字は、五千年前から三千年前には存在したと言われています。私もシュメールの粘土板の実物を見たことがあるのですが、文字が出てくるはるか以前から、豊穣な言語文化、記号体系はありました。

呉　二千三百年前の**荘子《そうじ》**哲学に現代思想の重要な部分は全部出ている。どうしてみんなそれに気づかないんだろう。

適菜　荘子はどこから読むべきですか?

呉　内篇が重要です。外篇、雑篇は、あまり読む必要はない。内篇の「**斉物論篇《せいぶつろん》**」と「**大宗師篇《だいそうし》**」が一番大事。でも荘子は漢学者も読みにくいと言うほど難しい。

適菜　呉先生は訳したりしないんですか。

呉　あれは論語と違って難しいからね。**ウィトゲンシュタイン**

総主教ネストリウスによって説かれた。キリストの位格は、神格と人格の二つの位格に分離されるなど、独自の解釈を持つ。四三一年、エフェソス公会議において異端認定。唐代の中国においては、景教と呼ばれていた。

アウストラロピテクス　アフリカで生まれた初期の人類。約三百万年前~約百万年前に生存していた猿人。

荘子（推定、紀元前三六九~紀元前二八六）　中国の戦国時代の宋国の蒙に生まれた思想家で道教の始祖のひとり。その思想は、無為自然を基本とし人為を忌み嫌う。著書『荘子』は、内篇、外篇、雑篇に分かれており、

が言ってることも枠組みとしては荘子に出てくる。支那思想は主流は儒教のように現世主義的なもの。祖霊崇拝はあるけど。支那では荘子思想は最初は格下扱いされていたけど、仏教が入る頃には値打ちがわかってくる。仏教は儒教の中に取り入れられて、朱子学と**陽明学**ができた。**禅宗**も荘子の影響を受けているから、哲学的な体系になっている。それも西洋人の哲学とは違う体系になっている。

適菜　荘子は二千三百年前に気づいていたと。

呉　俺の高校時代に**福永光司**《ふくながみつじ》の『荘子』が出てね。読んだら滅茶苦茶面白い。福永は戦争に行った後、何をどうしていいかわからなくなってしまう。そのときに彼が京都大学でやったのが荘子。当時は、東洋哲学をやるのは基本的に儒教なので彼は例外だった。儒教は現実に対して積極的に関与して良くしていこうという思想。世の中の伝統を重んじて天を大事にするという

内篇のみ荘子の手により書かれ、あとは弟子や後世の人の手で書かれたと考えられている。

「斉物論篇」
『荘子』の内篇にある一篇。荘子哲学の中核をなす斉物論について書かれている。

「大宗師篇」
『荘子』の内篇にある一篇。大いなる宗（道）を師とし、これを求めて生きることを説いた。

ルートヴィヒ・ウィトゲンシュタイン（一八八九～一九五一）
オーストリアに生まれ、主にイギリスで活躍した哲学者。のちの言語哲学、分析哲学に

思想です。老荘思想の「老」は、漢方薬や仙人といった宗教的なものになっていく。そして「荘」のほうは哲学にある。ひと口に「老荘」と言ってもかなりかけ離れている。

適菜 はい。

呉 福永は極限状態においては儒教秩序は無意味であると感じ、荘子を「東洋の実存主義」と言っている。これは仏教にも通じるところがあって、仏教を支那人が受容するには荘子を経由するのが一番いい。基本が社会倫理である儒教ではそれができないから。後にもう一回仏教哲学を取り込むのが朱子学なんだよね。朱子学というのは基本的に仏教の密輸入なんだよ。荘子は非常に重要なんですよ。これは逆に禅問答を頭に置くと読みやすい。手をパーンと打って、「今の音は右から出たのか左から出たのか」みたいなことを禅問答で言うじゃない。そういうのと同じでさ、何かものを食って美味《うま》いのは、ものが美味い

大きな影響を与えた。著書に『論理哲学論考』『哲学探究』など。

陽明学
中国の明代に、王陽明がおこした儒教の一派。日本においては同時期に入って来た朱子学が治世者に好まれるのに対し、反体制側に好まれる傾向があり、幕末の維新運動に大きな影響を与えた。

禅宗
禅を根本とする仏教の一宗派。座禅、公案を重んじ、内観・内省によって、自己の内にある仏性をきわめようとする。

のか、おまえが美味いと思っているのかというのと同じこと。**現象学**につながるでしょ。無限と比較して人間は有限とか、絶対と比較して相対という言い方自体がおかしくて、有限とか相対はネガティブなことではなくて、それが本来ではないかって言ってるし。無限とか絶対があるわけではなくて、むしろこっちが本来ではないかって。それこそ実存主義的な考えだね。

適菜　そうですね。油断しているとすぐに形而上学にとりこまれてしまう。

呉　荘子は構成上も難しい。論語は孔子と弟子の言行録だから断片的。つまりAという弟子はこう聞いてる、Bはこれとこれを聞いた、それをまとめて本にしているから、どこからでもアクセスできる。ということは、途中でサボッても平気なの。ところが荘子は二、三回サボるとあとが続かなくなる。俺はなんだかんだで四、五回ぐらい読んだね。読むたびにいろんなこと

福永光司（一九一八〜二〇〇一）中国思想史の研究家。日本における老荘思想、道教研究の第一人者。『荘子』の翻訳を手掛けた。

現象学
純粋意識の体験による現象・事実を通して、事物の本質的な意味や構造を解明しようとするもの。オーストリアの哲学者エトムント・フッサールらによって提唱された。

がわかってきた。ここは現代にこういうふうにつながっているんだなとかね。仏教とのつながりも**原始仏教**を読むようになって、同じことを言っている部分がわかった。炎の比喩が原始仏教にもあるけど、荘子にも出てくる。炎はものなのか状態なのかと。実は両方なんだよね。小学校でアルコールランプを使って実験をやるよね。炭素分子が燃えているとか熱を発しているとか言うけど、それは状態なのか、ものなのかと俺は子供の頃から考えていた。人間の思考は勘のいい子供でも古代の哲学者でも同じなんだな。でもね、現実哲学としては荘子と仏教は決定的に弱い。

適菜　仏教は消極主義ですからね。

呉　うん。「人間は限界ありますよ」と言われても、世俗の人間は商売を大きくしたいと考えるわけだから、「欲望を抑えろ」と言われても困る。俺は「天の戮民《りくみん》」という言葉を知ったとき

原始仏教
釈迦が生きていた時代から、教団が分裂して諸部派が発生するまでの最初期の仏教教団。オリジナル仏教のこと。

震えたね。これは、「大宗師篇」に出てくる。子貢《しこう》という孔子の弟子がキャラクターとして登場する。その子貢が荘子側のキャラクターである仙人のような人物に会う。その仙人は「おまえは孔子なんていうバカな奴の弟子になって、あくせく理想を唱えている」と言う。子貢が愕然として先生のところに帰ってきて、「こういうこと言われたんですけど」と言うと、「あいつらは仙人だから仕方がない」と。そこで子貢は「だったら先生はどういう基準で生きているんですか?」と聞く。すると孔子が答える。「私は天の戮民である」と。戮は殺戮の戮であり、刑罰でもって手足を切り落とされた人のこと。つまり天によって「理想を求めるような罰を科せられた人間」というわけ。つまり、「天から業が深い知識人として生きろと言われた」と。本物の孔子はこんなことを言っていないけど、これが荘子側から見た孔子なの。

子貢（紀元前五二〇～紀元前四四六）
孔子の弟子にして孔門十哲のひとり。政治家、実業家としての顔も持ち、『墨子』『韓非子』『荘子』など戦国時代の多くの書物にその名が登場する。

適菜　荘子側はそれに対して批判的なわけですね。

呉　うん。理想は無限とか絶対を希求するものだから無意味だと言っている。だからそれはペシミズムなんだよ。

適菜　仏教の哲学に近いですね。苦しみを感知しない技術というか。

呉　その消極主義の究極である荘子の中で、孔子というキャラクターに「天の戮民」と言わせているところがすごいんだよ。だって「理想とは天による刑罰」って言うんだよ。そして、知識人はそういう刑罰を受けたんだって。岩波文庫を読めばわかるのに、どうして誰も指摘しないんだろう。俺は『天の戮民』って小説を将来書きたいと思っているんだけどさ。荘子という人物が本当にいたかどうか異論はあるけど。論理の順番では、まず儒教的な積極主義が知識人にはある。それは当然ながら何度も挫折する。その屈折の中から飛び出した奴が荘子思想をつくっていく。論語の**微子篇**《びし》に**接輿**《しょうよ》が登場する。孔子が各国の王様を説得して、国をこうしろああしろと言って回っていると、接輿が現れて孔子の前で、「あんたが理想を求めていても、自分の身を滅すだけだよ」と皮肉を言うんだよね。孔子が馬車から降りて追いかけると走って逃げてしまう。だから接輿は嫌なひねくれ者なんだよ。理想を求めている人に皮肉を言い、論争しようとすると逃げてしまう。そういう知識人の根源的な屈折、悲しみのようなものはいつの時代にもあるわけで、それが典型的に荘子に表れている。

適菜　面白いですね。絶望しつつも、世間に対して毒を吐く。そこにはいくばくかの良心もある。知識人の本質を突いている。

呉　これが魏《ぎ》の時代になると、**阮籍**《げんせき》や**嵆康**《けいこう》みたいな**竹林の七賢**になっていく。現代では、近代国家の力として知識人をその中

微子篇
全二十篇からなる『論語』の十八番目の篇。

接輿
『論語』の微子篇に登場する人物。楚の狂人として登場する。詳細は不明だが、当時の隠者や逸民のようなものと考えられている。

阮籍（二一〇～二六三）
中国三国時代の人物。竹林の七賢の指導者的存在。

に組み込むシステムができているわけ。「おまえちょっと頭いいから、じゃあ東大医学部に行って医者になれ」とか「おまえは文学部で古典研究しろよ」とか。ところが絶対的な絶望、福永光司だったら戦地で死にかかったり、支那なら権力抗争があったり、一切の理想の意味がなくなったときに活きる知識人像があるわけだよね。知識人とは「天の戮民」、つまり「業」です。ヨーロッパにもそれはある。そこを、知識人が一番噛みしめるべきだよね。古典を読んで「いいことが書いてある」「教えが書いてある」なんて言うけど、教えなんて書いてない。葛藤だよね。

嵇康（二二三～二六二）
中国、魏の老荘哲学者、文人。竹林の七賢のひとり。

竹林の七賢
中国の三国時代に、俗塵を避けて竹林に集まり、清談を行った七人。指導的存在の阮籍、嵇康、山濤、劉伶、阮咸、向秀、王戎である。

第三章

吉本隆明という「共同幻想」

吉本信者とスターリニズム

適菜　『吉本隆明という「共同幻想」』は最高に面白かったです。あの本のあとがきに、吉本の本を二十冊読んだって書いてあったじゃないですか、実は私、四、五十冊読んでるんですよ。

呉　適菜君のほうが、よく読んでいるじゃないの（笑）。

適菜　逆に言えば、そこまで読むまで吉本がダメであることに気づかなかった。

呉　俺が読んだのは一九八〇年代まで。その後のどうでもいいような対談はほとんど読んでいない。疑問がある部分はそれ以後のものでもいくつか読んだけど。

適菜　高度資本主義分析とか、私はあれで完全にデタラメだと

『吉本隆明という「共同幻想」』
呉智英著。吉本隆明の思想とその特異な読まれ方を批判的に論じた。

思った。マルクスは資本主義の発展により矛盾がでてきてうんぬんと言っているわけですが、吉本は高度資本主義になると、国民は潜在的なリコール権を手に入れるという。必要なものに使うお金と、選択する消費があって、選択消費を控えれば、政府なんて簡単に潰せると。だから戦争も起こらないと言うんです。

呉　その話、俺も間接的に知ってる。

適菜　選択消費なるものがあるとしても、それを使わなければ経済全体がシュリンクするのだから、必要なほうもなくなってしまう。それに経済の悪化が戦争の引き金になることもあるわけでしょう。吉本が戦争について突き詰めて考えたという本があるけれども、敵から攻められたときのことが一行も書いてない。あのすっぽ抜け方はすごい。

呉　あえて善意に解釈すれば、旧来の倫理的な社会主義理論から脱却するための消費文明論みたいなことを考えたんだろうね。大衆は消費して楽しくやるのが好き。それを倫理主義で締め付けたのが戦前のファシズム体制であったから、大衆がお金を使いたがるのはいいことだと。

適菜　**埴谷雄高**《はにやゆたか》を批判したロジックもそれですね。あれもどっちもどっち。私は昔、吉本のノートの分析をしたことがあるんですよ。吉本に信頼されていたある編集者がいて、吉本が勉強したノートを預かっていた。ダンボール二十箱くらいあって、A4のノートがぎっしり詰まっていた。それを分析してくれと頼まれたのですが、字が下手で読めなかったのでギブアップした。その編集者と一緒に本駒込の吉本の自宅に遊びに行ったことがあって。その頃、**和歌山・毒物カレー事件**があって、吉本は興奮していて「**林真須美**《はやしますみ》によってフェミニズムは終わったんだよ」と言う。

埴谷雄高（一九〇九〜一九九七）
文芸評論家、小説家。著書に『死霊』など。一九八四年、女性誌『an・an』にコムデギャルソンの洋服を着て登場した吉本隆明を「資本主義のぼったくり商品を着ている」と批判。両者の関係は悪化した。

和歌山・毒物カレー事件
一九九八年七月、和歌山県和歌山市の園部地区で行われた夏祭りにおいて、提供されたカレーに毒物が混入された事件。

呉　えっ、よくわからないな。どういう理屈なの？

適菜　私も意味がわからなかったので、質問したんですけど、「そんなのはね、林真須美が出てきたからには完全に終わったんだ」とそれしか言わない。私も立場上、吉本を前にして批判的なことは一切言わなかったんですけど、一方的に林真須美の話が続いて、「これからは社民党が何か言っても、林真須美が出てきたんだから」みたいな。

呉　無茶苦茶だな。でも、信者にとっては、そこがすごくありがたい言葉だね。

適菜　応接間に**高浜虚子**《たかはまきょし》の掛け軸があって。それで、私が大昔の吉本と**江藤淳**の対談を思い出して、「吉本さんは、江藤さんが言ってることと自分の発言は三百六十度回って一緒だとおっしゃってましたね」と言ったら、吉本がすごく喜んで。

呉　君はよく読んでいるね、みたいな。

林真須美（一九六一〜）
知人に対する殺人未遂と保険金詐欺の容疑で逮捕。さらにカレーへの亜ヒ酸の混入による殺人と殺人未遂の容疑で再逮捕。二〇〇九年に死刑が確定。

高浜虚子（一八七四〜一九五九）
俳人、小説家。代表作に『虚子句集』。吉本の自宅の床の間には、高浜虚子の「其のままの影がありけり箒草」の軸が掛けられていたという。

江藤淳（一九三二〜一九九九）
文学評論家。二十代で書きあげた『奴隷の思想を排す』では日本の近代的自我を批判し、吉本隆明をはじめとする

適菜　それでケーキ出してくれました。
呉　ははは。そのオチもなかなか面白いな。
適菜　吉本の家に十回行った奴に聞いたら、ケーキは一度も出たことはないと。
呉　ははは。そのオチはもっと面白い。俺は吉本の講演を聞いたことがあるけど、基本的にダラダラと言いたいことを喋るだけ。でも、信者はそれがいいんだよね。
適菜　独特の語り口調ですよね、遠回しな。
呉　訥々《とつとつ》と喋ってるみたいな感じ。**天理教**の中山《なかやま》みきが自分は百二十歳まで生きると言っていたけど、数え九十で死ぬ。それでも、明治だから長命だけど。その後一番弟子の**飯降伊蔵**《いぶりいぞう》が神がかるんだよね。でも、どう見ても本当に神がかっていない。教祖が死んで動揺している信者をなだめるために、飯降伊蔵は必死に自分を鼓舞しながら、神がかりを演じているのが感動的

文学者たちに大きな影響を与えた。著書に『小林秀雄』『漱石とその時代』（未完）など。

天理教
江戸時代末期に成立した、日本土着の創唱宗教のひとつ。中山みきを教祖とする。本拠地は、奈良県天理市。

飯降伊蔵（一八三三〜一九〇七）
大工、宗教家。天理教の教祖・中山みきの死後、「本席」の地位につき、教祖に代わり神の言葉を信者に伝え、初代「真柱」である中山眞之亮とともに天理教の教勢を拡大させた。

なんだよね。吉本先生の場合は、教祖が死んでも信者は神がからなかったけど。

適菜　吉本の文体模写はできそうですね。変なところで漢字をひらがなに開いたり。「ぼくはまずひとつの理念としてかんがえれば、やはりそんなような気がするような気がするんですよ」みたいな。**「情況との対話」**は結構好きでしたが。

呉　**『試行』**に載っていたやつね。

適菜　あれから学んだことは、悪態のつきかた。結構、面白いんですよ。**柄谷行人**《からたにこうじん》は野球をやってるだけマシだとか。それでオチはだいたい「スターリニズムの亡霊だ」。これはある文芸評論家から聞いた話ですけど、吉本が「水に値段がつく時代はこれまでなかった」と言うので、「エビアンという水があってフランスでは一七〇〇年代からずっと売っている」と教えてあげたら、急に怒り出して「そういうのがスターリニズムになる

「情況との対話」「情況への発言」
思想と表現を目指して創刊された雑誌『試行』の巻頭に毎号掲載されていた吉本の論考。約三十六年にわたって一度も休むことなく掲載された。

『試行』
吉本隆明が一九六〇年安保直後に、「自立の思想」を標榜して創刊した雑誌。既存のメディア・ジャーナリズムによらない論考を展開した。

柄谷行人（一九四一～）
哲学者、思想家、文芸評論家。著書に『マルクスその可能性の中心』『隠喩としての建築』『日本近代文学の起源』など。

んです」と。

呉　わはは、そんなバカなことはない。江戸時代にも夏になれば水売りが来るわけだし。ましてやスターリニズムとはなんの関係もないよな。

適菜　吉本は、水に値段がついたのが超資本主義の指標だみたいなことを言う。消費社会の成熟により、マルクス経済学が通じない段階に入ったと。

呉　ミネラルウォーターみたいなものに踊らされる無駄な消費があるという論理ならわかるけど、それが超資本主義の指標で歴史上になかったというのは、二重三重に間違っている。吉本は**ゾンバルト**なんかも知らないね。

適菜　晩年は悲惨でしたね。『週刊新潮』（二〇一二年一月五・一二日号）の「『反原発』で猿になる！」というインタビュー記事では完全にぼけていた。理屈は**『「反核」異論』**のときか

スターリニズム
ソ連の指導者ヨシフ・スターリンの発想と実践の総体。秘密警察の支配を背景に恐怖政治や大規模な粛清を行った。

ヴェルナー・ゾンバルト（一八六三～一九四一）
ドイツの経済学者、社会学者。歴史と経済理論の総合を試みた。マックス・ウェーバーとともに『社会科学および社会政策雑誌』の編集も担当。著書に『近代資本主義』『高度資本主義』など。

『「反核」異論』
吉本が一九八三年に出版した著書。八一年に中野孝次らが中心となって発表した文学者の反核声明を批判した。当時の文壇、論壇から大きな反発

を受けた一冊。

ら同じなのですが、要するに人間の知性は危険なものもつくってしまう。科学技術や知識は不可逆性のものであると。だから、どんなに危険なものでも技術によって乗り越えるしかないと。それはそのとおりですが、原発の停止と原子力研究の中止をごちゃまぜにして論じているので、批判のしようがない。だって原発反対派だって、「核の知識をなくせ」と言っているわけではないのですから。

呉　吉本は一見朴訥《ぼくとつ》でかっこいいと思われてしまうところがあった。

適菜　吉本は結構江戸っ子ぶりますよね。

呉　あれも地方出身者の心をくすぐるんだよ。それにしても、吉本には文明論的な教養が欠落している。誰でも知っているはずのことを知らなかったりする。

適菜　吉本が論じるあらゆるテーマにその傾向がありますね。

戦争論も片面がないし、仏教論も片面がないし、資本主義分析も片面がない。

呉　一九五〇、六〇年代の段階でも、キリスト教論にも文化人類学的なアプローチの書籍は結構出ていた。吉本にはそれがまったく反映されていない。『**共同幻想論**』でも宗教の問題が欠落している。たとえば**柳田国男**《やなぎたくにお》には、常民がどう生きるかといった問題に対し膨大な知識があった。吉本にはそういう素養がほとんどない。あれは不思議な人だよ。

適菜　呉先生も指摘されていますが、文化人類学者の**山口昌男**《やまぐちまさお》が、『共同幻想論』に登場する「対幻想《ついげんそう》」について、「それは近代の核家族にのみ通用するものではないか」と批判した。近代以前の物語に近代的恋愛観をあてはめるのはおかしいと。すると吉本は何も言えなくなり、「チンピラ人類学者」と罵倒することでごまかした。

『共同幻想論』　一九六八年に出版された吉本の代表的な著書。幻想としての国家を論じ、教条主義化したマルクス・レーニン主義からの脱却を目指した。

柳田国男（一八七五～一九六二）　民俗学者。日本民俗学の創始者。著書に『遠野物語』『山の人生』など。

山口昌男（一九三一～二〇一三）　文化人類学者。アジア、アフリカ、南アメリカなど世界各

親鸞と「関係の絶対性」

適菜　吉本の『**マチウ書試論**』に「関係の絶対性」という言葉が出てきますが、あれは自由意志が存在するかどうかという昔からあるテーマのひとつです。

呉　そうだよ。あれを突き詰めると、つまりは環境決定論なんだ。

適菜　普通の大人だったら、自由意志なんてあると言えばあるし、ないと言えばないというところに落としどころを見出すというか、そもそも両方とも断定的に言えないから、問題になっているわけで。

呉　あれはね、ひとつにはマルクス主義です。昨今の若い人たちは、マルクス主義文献を読まなくなっちゃったんで知らない

地でフィールドワークを行い「中心と周縁」といった独自の理論を展開した。著書に『道化の民俗学』『文化と両義性』『「敗者」の精神史』など。

『マチウ書試論』
吉本の著書。新約聖書の「マタイによる福音書」を読み解きながら、ユダヤ教に対する原始キリスト教の憎悪のパトスと反逆の倫理について論じた。

人が多いけど、マルクスの盟友**エンゲルス**の『**フォイエルバッハに関するテーゼ**』に有名な言葉がある。「人間は社会的諸関係のアンサンブル（総合）である」「フォイエルバッハは、宗教的心情が一つの社会的産物であることを見ていない」。マルクスも「社会的存在が意識を決定する」と、似たようなことを言っています。だから、賛否はそれぞれあるにしても、言わんとすることはわかる。ところが、吉本流難解造語だ。「関係の絶対性」というキーワードに読者も瞞着《まんちゃく》され、吉本自身も瞞着されたんだよ。たとえば**野口英世**《のぐちひでよ》は黄熱病を発見したけど、野口と同じような環境で育ち、医学の道に進まなかった人は何百万人もいるわけだから。そう考えれば、別に、関係が絶対ではないよね。

適菜　吉本の話を突き詰めると、知識人だけに責任があり、大衆はすべての責任を免罪されると。その根底にあるのは、キリ

フリードリヒ・エンゲルス（一八二〇〜一八九五）
ドイツの社会思想家。カール・マルクスと協力して、科学的社会主義の世界観を構築した。著書に『フォイエルバッハ論』、マルクスとの共著に『共産党宣言』『ドイツ・イデオロギー』など。

『フォイエルバッハに関するテーゼ』
一八四五年にマルクスが書いたメモ。フォイエルバッハの唯物論を評価しつつも、現実社会に対する変革の働きかけが必要であるとした。

ルートヴィヒ・アンドレアス・フォイエルバッハ（一八〇四〜一八七二）
ドイツの哲学者。青年ヘーゲ

スト教的な世界観ですね。ヘーゲル、マルクス、親鸞です。

呉　吉本の親鸞は、そちらからいっているわけだから。あの親鸞論は、吉本都合の親鸞論ね。キリスト教思想が日本に入って来たときに、われわれにも何かそれに匹敵するものがないかと思って、近代的仏教改革者が親鸞の『**歎異抄**《たんにしょう》』を発見するわけだね。それで「キリスト教に拮抗できる思想は親鸞だ」と**清澤**《きよざわ》**満之**《まんし》が言い出した。

適菜　仏教が哲学体系だとすると、親鸞はあまりに非仏教的なもので、本筋から言えば異端もいいところ。吉本が親鸞を使ったのは、そこに惹かれたのかと。

呉　そういうことだよ。仏教は**釈迦**《しゃか》の段階では自力思想なんだよね。自力で覚《さと》る。最後の一パーセントは宗教だから飛躍の部分が出てくるけど、基本的には論理思考により、世界は無常であると覚る。それはきわめて論理的な世界観です。でも、幸か

ル派の代表的な存在。唯物論の立場からキリスト教に対して激しい批判を行った。著書に『キリスト教の本質』『唯心論と唯物論』など。

野口英世（一八七六～一九二八）細菌学者、医学者。福島県の貧しい農家に生まれながらも医学の道を志し、やがてロックフェラー医学研究所の助手となり、梅毒菌の培養に成功。ノーベル賞候補となる。後年はアフリカに渡り、黄熱病の研究に尽力した。

『歎異抄』鎌倉時代後期に書かれた仏教書。浄土真宗の開祖である親鸞の教えを忠実に伝えようとの思いのもと、親鸞の弟子た

不幸か大衆には難しすぎる。それで何かにすがれば、救われるという発想に行き着いてしまう。大衆であったとしても、本来は自力的な大乗なんだから、他力原理主義は仏教とは百八十度反対のことを言っているわけだよ。

適菜 既存の仏教に対する反発として**法然**《ほうねん》が出てくるのですか？

呉 そこが、また微妙なんだ。鎌倉期の社会状況を考えると、土俗信仰と交雑していたりする。**泉鏡花**《いずみきょうか》の小説『高野聖《こうやひじり》』みたいな神秘主義的な、求道精神の強い修行僧を、山の女の精が誘惑するという話は創作だと**五来重**《ごらいしげる》は言っている。あれは鏡花の創作であって、修行僧がいればそれを経済的に支える存在が必要になる。儒教でもそうで、孔子の弟子が経済活動をやって、ときには投機的なことまでやって支えていたらしいという研究もある。それと同じで、お経を唱えるだけでは寺院は巨大

ちによって書かれたとされている。

清沢満之（一八六三〜一九〇三）真宗大谷派僧侶、哲学者、宗教家。明治時代を代表する宗教家で、近代的仏教信仰の確立をめざす「精神主義」を提唱した。

釈迦 仏教の開祖。本名、ゴータマ・シッダールタ。生没年に関しては諸説さまざまだが、紀元前七〜五世紀頃、現在のネパールにあたる地域で王族の王子として生まれたとされる。その後、二十九歳で出家し、三十五歳で悟りを開いてブッダとなる。

な権力を持つことはできない。もっとその下士官みたいな奴がお札《ふだ》を売り歩く。それを高野聖と呼んだ。彼らは半分僧侶だけど、今の新聞勧誘員みたいなことをやっているわけ。

適菜　なるほど。押し売りと同じか。

呉　うん。しかも、お札を売りに行った先の後家とやっちゃったり、娘を連れて逃げたり。「高野聖が来たら戸を閉じろ」という民間の言い伝えもある。それがあの時代の日本人の宗教感覚としてあった。それでも、民衆が悩んでいるのはわかるから、乾坤一擲《けんこんいってき》の大博打《おおばくち》みたいな感じで法然が出てきたり、親鸞や**日蓮**《にちれん》、もっと前だと**空也**《くうや》みたいなのが出てきたり。とにかく戦乱で民衆が苦しんでいるから念仏が出てくるのもわかる。吉本の話に戻すと、あれは非常に単純な人なんだよ。人間の実存や根源的なところがわかっていない。

適菜　だから仏教の本質のほうに向かわないわけですね。**小浜**《こはま》

法然（一一三三～一二一二）
浄土宗の開祖。比叡山で天台宗の教学を学んだのち阿弥陀仏の名号である「南無阿弥陀仏」を唱えれば、死後も平等に往生できるとする専修念仏の教えを説き、浄土宗の開祖となった。

泉鏡花（一八七三～一九三九）
小説家、劇作家。怪異や幻想を描いた作風や耽美主義的なエロチシズムが特徴的。高野山の旅僧が体験した怪異を描

逸郎《いつお》が、吉本の親鸞論がほぼ誤読と曲解に基づくものであることを指摘しています。

呉 吉本信者は、吉本は他の先生が言わないようなことを言うからすごいと思っている。でも単純に吉本が言っていることがおかしいだけ。そもそも日本語がおかしいんだから。「大衆の原像」とか。ゲンゾウってDPEじゃないんだから（笑）。吉本隆明現象には、まさしく『〈信〉の構造』があるね。

マルクス主義と独我論

呉 俺は中学生のときに、**ヤスパース**の『哲学入門』を読んだ。昭和二九年からのロングセラーで、ヤスパースがラジオで語った内容をまとめたもの。その中に六歳か七歳ぐらいの子供が、「僕ってなんだろう」と一生懸命考える話がある。その子

いた観念的な短編『高野聖』をはじめ、著書に『外科室』『夜行巡査』『婦系図』など。

五来重（一九〇八～一九九三）民俗学者。日本仏教の研究に、民俗学の視点や手法を積極的に導入し、庶民信仰・民俗信仰の実態について綿密な現地調査にもとづく優れた考察を加えた。地域宗教史、民衆宗教史の分野に多大な業績を残す。

日蓮（一二二二～一二八二）鎌倉時代の仏教の僧。日蓮宗（法華宗）の開祖。法華経を釈迦の正しい教えとして選び、「南無妙法蓮華経」という題目を唱えることを重視した。

供の結論は、よくわからないんだけど、僕はやはり僕なんだと。この実存の不条理、すべての人には自我があるけど、この私は、この私でしかないという不思議がある。それが逆に、現象学的な世界認識の問題とつながってくる。俺の関心はそこから来ている。

適菜　ヤスパースのその話の続きで、神が天と地を創ったという『**創世記**』の物語を聞いた子供が、「はじめの前にはいったい何があったのか」と問うたというくだりがある。ヤスパースは「子供とバカは真実を語る」と評価します。

呉　俺がオカルト好きの奴に言うのは、「世の中には科学で解けない謎がある。ネッシーがどうしたこうしたというのは、研究が進めばわかるかもしれないが、自然科学の論理では絶対解けない謎がある。それは〝私はこの私でしかない〟ということなんだよ」と。

空也（九〇三～九七二）
市聖、阿弥陀聖とも称された平安中期の僧。浄土教の先駆者。踊念仏の開祖ともいわれている。京都の六波羅蜜寺にある空也上人像は有名。

小浜逸郎（一九四七～二〇二三）
評論家。家族論やジェンダー論にはじまり、差別、国家、死など広汎なテーマにわたる発言を行なった。著書に『太宰治の場所』『吉本隆明　思想の普遍性とは何か』など。

『〈信〉の構造』
吉本隆明著。西行、親鸞、良寛など日本の仏教思想を現代的な視座で論じた。

適菜　実存の問題は最後まで残ってしまいますね。

呉　そう。だから現象学や**新カント派**の流れで、前にも出したユクスキュルは「環界」という形で外界としての世界を認識していることになる。ショーペンハウエルも「表象としての世界」と言うわけだけど、それだけだと世の中が動かなくなるから、どうしても媒介が必要になってくる。

適菜　この種の原理的に説明のつきそうもない問題は、たいてい「だからどうした」というところが落としどころになりますね。

呉　そこが恐ろしいところだな。子供がそんなことを言い出したら、「ゴタゴタ言ってないで学校に行きなさい」と。それで友達に会って、そのうち就職して、書類を書くなり旋盤を回すなりしていると、問題が解消されていく。社会や共同体により、アイデンティティの確認ができてしまう。そこに気づいた

カール・ヤスパース（一八八三～一九六九）ドイツの精神科医、哲学者。実存主義哲学の代表的論者のひとり。実存主義的観点から哲学を論じた『哲学入門』をはじめ、『精神病理学研究』『世界観の心理学』など多くの著書がある。

『創世記』旧約聖書の冒頭に書かれた天地創造の物語。一日目、暗闇があるなか神は光をつくり、昼と夜ができた。二日目、神

のが**構造主義**だよね。ともかくも、私が私である謎は、マルクス主義では解決できない。

適菜　**独我論**の問題は解決がつきません。もちろんそれを突き詰めて考えることは大切なことですが。

呉　キリスト教的に言えば、完全な神がいて、不完全な人間がいる。人間は寿命があるし、能力にも限界がある。われわれはそう考えているけど、実は本当はこれは逆転していて、不完全も完全もなくて最初から人間しかいないわけだよね。そう考えると人間は、百年後、二百年後の子孫も、結局一から始めなければならない。常に「この自分」が必ず「一から」始める、観念も一から始めていかなければならないという問題がでてくる。すると、独我論の問題は永遠になくならないんだよ。どんな社会になっても、結局人間が生まれたときから死ぬまでやることは同じ。古典の中に真実があるというのも半分は俗説で、

は空をつくった――など1週間で神が天地を創造したとする。

新カント派
一八七〇年代から一九二〇年にドイツで興ったカント的な認識論復興運動およびその学派。カントの哲学を観念論の方向に徹底したうえで復興させることによって、自然科学的唯物論や実証主義に対抗しようとした。

構造主義
フランスの人類学者レヴィ＝ストロースによって唱えられ、言語学・人類学を中心に行われる研究方法、および現代の思想的潮流。あらゆる現象に潜在的に存在する構造を抽出し、その構造によって現

昔の人も恋をしたというけど、時代によって恋の意味だって違ってくるからさ。でも、人間が一から始めるという根源的な部分では、ほとんど違わない。だから今から二千年、三千年前に哲学の基本骨格が出揃っている。

適菜　新渡戸《にとべ》稲造《いなぞう》が、人は履歴書で表せないと言っていますね。いつ生まれて、いつ病気になって、いつ死んだというものでは、人間の魂は見えないと。人間の魂や精神にはサイエンスでは届かない。サイエンスで届かないのだから、当然サイエンスを詐称するマルクス主義でも届かない。呉先生のおっしゃるように、人間しか存在しないというところから始めないと、議論にもなりません。

象を理解しようとした。

独我論
哲学における認識論の見方のひとつ。独在論、唯我論とも言う。自分にとって存在していると確信できるのは自分の精神だけであり、それ以外のあらゆるものの存在やそれに関する知識・認識は信用できないとする。

新渡戸稲造（一八六二〜一九三三）
日本の農学者、教育者、倫理

日本映画がくだらない理由

呉　俺が中学、高校の頃は、邦画はチャンバラか日活の青春もの、渡り鳥ものみたいな世界だったんだよ。**小津安二郎**《おづやすじろう》は少し特殊だった。洋画は二種類あって、ハリウッド系はわかりやすいエンターテインメント。ヨーロッパ系はイタリアの**ネオレアリズモ**やフランスの**ヌーベルバーグ**から始まって、イギリスでもヌーベルバーグみたいなのが六〇年頃から始まってる。日本映画は若い才能がいろいろ努力してて面白いんだけど、スタンダードになる映画がないんだよね。つまり、叩き台がない。くだらない映画に反発する形で、ヌーベルバーグみたいなアンチテーゼが出てくるわけで。だから、パロディも焼き直しもできなくなっている。

哲学者。明治期から昭和初期にかけて多くの青年に人格的感化を与えた教育者。著書に『武士道』など。

小津安二郎（一九〇三〜一九六三）
映画監督、脚本家。家族ものを中心に描きながらも、ロー・ポジションの撮影、固定カメラなど、のちに「小津調」と呼ばれる独特な作風で知られる。主な監督作品に『東京物語』『秋刀魚の味』など。

ネオレアリズモ
一九四〇年代のイタリア映画の潮流。歴史や社会をテーマに人間の葛藤を描いた。ヴィットリオ・デ・シーカの『自転車泥棒』、ロベルト・ロッ

適菜　先日、飛行機内で日本映画を二本見たのですが、絶望的にくだらなかった。ひとつは**嵐**《あらし》の**二宮和也**《にのみやかずなり》が出ている『プラチナデータ』という映画。ＤＮＡデータによる犯罪捜査が行われるようになった近未来に、二宮演じる科学者が事件に巻き込まれるという話。実は彼にはトラウマがあって……みたいな最近ありがちな陳腐な話。その原作が**東野圭吾**《ひがしのけいご》なんです。

呉　東野圭吾はつまんないよな。若いのが書いている小説なんて読まないぞと思いつつ読んだら、あまりにもひどかった。

適菜　私も昔一冊読んだんですけど、どうやったらあんな穴だらけの小説書けるんだろう。

呉　トリックがおかしかったり。代表作とされる作品では、携帯電話の扱いが変なのね。これ、評論家たちも指摘してるらしいんだけど、よくあんなものをみんな読んでいるよな。

適菜　映画もつまらない。警察に追われて科学者が工場に逃げ

セリーニ監督の『無防備都市』などがある。

ヌーベルバーグ
一九五〇年代末に始まったフランスにおける映画運動。ロケ撮影中心、同時録音、即興演出などの手法を用いて、映画を解放しようとした。主な作品にフランソワ・トリュフォーの『大人は判ってくれない』、ジャン・リュック・ゴダールの『勝手にしやがれ』など。

嵐
旧ジャニーズ事務所所属の五人組男性アイドルグループ。一九九九年、シングル「A・RA・SHI」でデビュー。役者やバラエティー番組への出演などで活躍。二〇二〇年、

込むシーンがあって、工場の反対側から高いところによじ登り、偶然通りかかったトラックの荷台に飛び乗って逃げるんですよ。なんで交通封鎖しないのかというレベルから始まって、細かいことを言い出すと穴ばかり。大人が集まってチームでつくった映画とは思えない。帰りの飛行機では『藁の楯』という**藤原竜也《ふじわらたつや》**が悪人役の映画を観たのですけど、これもひどすぎ。身内だと思っていた警察の上層部に実は本当の敵がいたみたいな、大昔のジャッキー・チェンの『香港国際警察』と同じパターン。藤原演じる犯人が、有名な金持ちの孫をレイプして殺す。その金持ちが、犯人を殺した者に十億円の懸賞金を払うと言う。それで九州で逮捕された犯人を東京に移送するという話で、欲に目がくらんだ身内の警察官が犯人を殺そうとしたり、新幹線に乗ったり、ヒッチハイクしたりとほとんどカルトムービー。だって、最初に警察が「十億円の懸賞金は殺人教唆にあ

グループとしての活動を休止。

二宮和也（一九八三〜）男性アイドルグループ「嵐」のメンバー。役者としての評価も高く、数々の舞台や映画、ドラマに出演、クリント・イーストウッド監督の映画『硫黄島からの手紙』でハリウッドデビューも果たした。

東野圭吾（一九五八〜）小説家。ドラマ化、映画化された作品も数多い。二〇〇六年、『容疑者Xの献身』で第一三四回直木賞を受賞。

藤原竜也（一九八二〜）俳優。一九九七年、蜷川幸雄演出の舞台『身毒丸』でデビ

たるから無効だ」と発表すればそれで終わる話。

呉　『ベン・ハー』や『アラビアのロレンス』みたいな大娯楽作をつくるか、その反発としてのヌーベルバーグを少人数でつくるかみたいな感覚もなくて、売れた小説を原作にして映画にしているだけ。

適菜　犯人を乗せた警察のバスがあって、周りをパトカーが護衛しているんです。そのとき、頭のおかしい奴が乗った大型ダンプがパトカーを弾き飛ばしながら、犯人が乗ったバスに突進してくる。その大型ダンプが横から映るシーンがあって、ダンプの側面に片仮名で「ニトログリセリン」って書いてあるんですよ。もう絶望的な気分になりましたね。これは映画の否定ですよ。ゴミみたいなエサを並べられて、その中から選択していくだけの社会。

呉　文学も社会を震撼《しんかん》させるようなものはここ何十年出ていな

ュー。代表作に映画『デスノート』『カイジ』、大河ドラマで『新選組！』など。

い。石原慎太郎の『**太陽の季節**』が出たとき、「今の若者はこんなに無軌道になってるんだ！」と社会現象として話題になった。「無軌道はいかん！」と言うのがいるから、「無軌道でい」と話が進むわけで。

適菜　でも、その無軌道な男が、いまや政界にいるわけですからね。コスプレマニアの詐欺師が大阪市長になったり。世の中おかしくなるわけです。

知識人の自己顕示欲

適菜　**アラン・ソーカル**の『「知」の欺瞞』は、ポストモダンとか現代思想とかやっていた連中が、実はよくわからずに数学を使っていたことを明らかにした。**ラカン**や**クリステヴァ**、**ボードリヤール**、**ドゥルーズ**といった連中がやり玉に挙げられ

『太陽の季節』
石原慎太郎著の短編小説。第三十四回（一九五五年下半期）芥川賞を受賞。のちに日活で映画化され、弟である石原裕次郎のデビュー作となった。

アラン・ソーカル（一九五五〜）
アメリカの物理学者。一九九六年、学術誌に意図的に内容のない数式を使ったポストモダン風論文を投稿し、掲載された。その後、内情を暴露。これは「ソーカル事件」と呼ばれ、思想界に大きな衝撃を与えた。これをもとに、物理学者のジャン・ブリクモンとともに『「知」の欺瞞』を著した。

た。あれの日本バージョンもやったほうがいい。一時期すごいハッタリの文章が溢れましたけど。

呉　浅田彰《あさだあきら》が出てきた八〇年代半ばに、俺も元ネタのポストモダンや構造主義の本を読んだけど、向こうの文化の文脈がわからないから、直訳されてもわからないんだよね。現代思想の解説書も出ていたけど、それを書いている解説者もきちんと理解しているとは思えない。

適菜　フランス語圏の哲学の翻訳者は未熟だから、難解な訳になったと誰かが言っていましたが。それで変な翻訳体がありがたがられるようになったと。

呉　かつて山本夏彦《やまもとなつひこ》が『私の岩波物語』で書いていたけど、西《にし》田幾多郎《だきたろう》の「絶対矛盾的自己同一」というのが戦前の若い学生たちを呪縛したと。俺も学生時代によくわからなかった。自己同一というのが絶対矛盾しているのか、矛盾している自己同一

『「知」の欺瞞』
サブタイトルは「ポストモダン思想における科学の濫用」。科学をめぐるポストモダンの「言説」の一部が、「当世流行馬鹿噺（ファッショナブル・ナンセンス）」に過ぎないことを示した。

ポストモダン
フランスの哲学者ジャン・フランソワ・リオタールの著書『ポスト・モダンの条件』を受け、フランスの思想界を席巻した潮流。

現代思想
二〇世紀半ば以降に現われた西洋哲学・思想のこと。マルクス主義や実存主義、構造主義やポストモダニズムなどさまざまな領域の思想を包括す

が絶対だと言っているのか、何を言っているのかわからない。

適菜　センテンスをきっちり区切れと。

呉　自己同一は英語ではアイデンティティだよね。自分が自分である確認をするということ自体が矛盾だと言っているわけでね。「自己が自己であるということを確認するのは非常に不思議なことである」ということ。そう言われてみれば簡単。ところが「絶対矛盾的自己同一」と言うから、われわれが考えたこともないようなすごいことを言っているのかと思ってしまう。

適菜　これも西田幾多郎の自己顕示欲なのでしょうか？

呉　自己顕示欲というか、ねぇ。**鹿島茂**《かしましげる》は、**ランボオ**の小林秀雄訳は、自己顕示欲のために小林がつくったものであり、本来のランボオとは関係ないと言っていた。それはそのとおりなんだよね。あれは、ランボオの正しい訳でも正しい解釈でもなくて、「俺が思うランボオ」。だから別にランボオでなくてもよる。

ジャック・ラカン（一九〇一〜一九八一）
フランスの哲学者、精神科医、精神分析家。フランスの構造主義、ポスト構造主義思想に大きな影響を与えた。著書に『エクリ』『ディスクール』など。

ジュリア・クリステヴァ（一九四一〜）
ブルガリア出身の文学理論家、哲学者。意味生成の記号学を提唱。フェミニズムの論客としても知られる。著書に『セメイオチケ』『恐怖の権力』など。

くて、「俺が思うA」でも「俺が思うB」でもいい。要するに、小林が言いたいのは「俺は偉い」ということ。それに比べたら、西田幾多郎はもう少し内省的で生真面目だと思うけど。

適菜　鹿島はまともな人だとは思いますが、彼の小林秀雄評については同意できないところが多いです。小林の文章は難解というより、扱っている対象が、言語化することに馴染まない領域なのだと思います。

「ナロードの中へ」と叫ぶ奴

適菜　小学校で児童会長の選挙をやりますよね。ガキが演説して「僕は学校をきれいにしたいです」とか言う。それと朝礼でその日のスローガンを決めるんですよ。「廊下を走らない」とか。そういうのにすごく違和感がありましたね。

ジャン・ボードリヤール（一九二九～二〇〇七）フランスの哲学者、思想家。著書に、高度消費社会とは差異の体系であるとした『消費社会の神話と構造』、『象徴交換と死』など。

ジル・ドゥルーズ（一九二五～一九九五）フランスの哲学者。著書に『差異と反復』、共著に精神科医のフェリックス・ガタリとの『アンチ・オイディプス』『千のプラトー』など。

浅田彰（一九五七～）思想家。京都大学の助手時代に書いた『構造と力』が、扱う題材の難解さにもかかわらず十五万部を超すベストセラーとなり、一躍時代の寵児と

呉　俺は児童会長に立候補したことがあってね。選挙運動の真似ごとみたいなのをやって、ポスターを掲示板に貼るんだよ。そして自分が正しいと思ってる意見を墨汁で書いたら、対抗馬の奴は、ものすごくきれいにフルカラーでポスターをつくった。それで俺は落選した（笑）。正しいかどうかではなくて、ポスターの色がきれいかどうかで動くのが民主主義。それが現実であり、統治の力学でもあるんだけど、その現実を「違う」と教えてるから「嘘だ！」となるんだ。俺も直感的にはその頃から変だなと思っていた。

適菜　私は大学一年生のとき、だいぶ上の先輩に「君は呉智英を知っているか？」と聞かれたんです。「書店で目にしたことがあります。バカの本とか書いてる人ですよね」と答えたら、「あいつはけしからん。反動だ」と怒ってるんですよ。その日の帰りに早稲田のあゆみＢＯＯＫＳで立ち読みして「こんな正

なった。著書に『逃走論——スキゾ・キッズの冒険』など。

山本夏彦（一九一五〜二〇〇二）
随筆家、編集者。『週刊新潮』で「夏彦の写真コラム」を、『諸君！』で「笑わぬでもなし」を連載。著書に『夢想庵物語』など。

西田幾多郎（一八七〇〜一九四五）
哲学者。日本の仏教思想と近代の西洋哲学の融合を試みた。著書に『善の研究』など。

鹿島茂（一九四九〜）
フランス文学者、評論家。著書に『吉本隆明１９６８』

しいこと書いてる人がいるんだ」と思って買って帰ったんです。実家が『朝日新聞』を取っていて、東京に出て来てその洗脳が解けかかったときに、呉先生の本を読んで、それでオルテガを読むようになったり。

呉　俺の場合は中学高校の先生の欺瞞だった。俺たちの頃は**日教組**の教師は真面目で情熱的だった。**西村《にしむら》昭五郎《しょうごろう》**という後に**ロマンポルノ**に行く映画監督の『競輪上人行状記』という奇妙な映画があるんだけど、**寺内大吉《てらうちだいきち》**が原作者で**今村《いまむら》昌平《しょうへい》**がシナリオを書いてるの。だからいかにもな作品なんだけど。**小沢《おざわ》昭一《しょういち》**が演じる真面目な教師が、贔屓《ひいき》にしている貧しい教え子に裏切られる話でね。寺内大吉が競輪好きだからさ。最後に競輪場で「この車券が来るよ」とアジテーションして終わるという作品。これを**斎藤《さいとう》龍鳳《りゅうほう》**という非常にくせのある左翼系の映画評論家が傑作と評価した。彼の琴線に触れたんだろうね。あ

『パリ、娼婦の館』『幸福の条件　新道徳論』など。

アルチュール・ランボオ（一八五四〜一八九一）
一九世紀フランス象徴主義の代表的な詩人。早熟の天才と呼ばれ、二十歳で詩作を放棄したが、その作品はダダイスト、シュルレアリストら二〇世紀の詩人たちに大きな影響を与えた。

日教組
日本教職員組合の略称。一九四七年に結成された日本の教員・学校職員による労働組合の連合体。

西村昭五郎（一九三〇〜二〇一七）
映画監督。一九六三年、『競

れこそ「**ヴ・ナロード**」だというわけ。ある時期の日教組の教師は、ただ組合運動やって権利主張しているのではなくて、本当に子供たちを啓蒙しようと努力した。吉本隆明は**遠山啓**《とおやまひらく》を高く評価しているけど、それは論理矛盾だね。当時の日教組の人は、自分の弁当を欠食児童に分け与える、それから頼まれなくてもスラム街に行って子供たちの家を訪ねて補習をやってる人たちだから。吉本は大衆啓蒙否定だからさ。俺もその人たちの情熱はわかるけど、同時にその人たちが言う民衆や大衆や民主主義は違うのではないか、という葛藤が俺の中にはあってさ。

適菜　「ナロードの中へ」と叫ぶ奴はナロードではないわけですよ。だって「中へ」入るくらいだから外側にいる。要するにインテリ特有の変な後ろめたさを持った連中が、理想化された空想上の「ナロード」に近づいていく。吉本が「大衆の原像」

輪上人行状記』で監督デビュー。その後、日活ロマンポルノ最初の作品となった『団地妻　昼下がりの情事』を監督。以来、団地妻シリーズや団鬼六原作ものなど、八十四作のロマンポルノを監督した。

（日活）ロマンポルノ　一九七一～一九八八年に日活で製作された成人映画。撮影期間や製作費が一般映画の約半分という制約がありながらも、数々のスターとのちに一般映画を撮る監督たちを世に送り出した。

寺内大吉（一九二一～二〇〇八）作家、スポーツライター、浄土宗の僧侶。初期はスポーツ

と言うときの「大衆」は「ナロード」でもないし、オルテガの言う「大衆」でもないし、「庶民」でもない。「理念としての大衆」とかいうよくわからない定義を前提に、「大衆から離れた知」は危ないと言うわけで。

呉 民衆の知はあるけど、それを民衆は認識していない。だから、外部が認識して「こんな素晴らしいものがあるではないか」と言って、それに光を当てて彼らに還流するわけだよね。それが活《い》きた知になってくる。すると「啓蒙は傲慢《ごうまん》だ」と言われる。でも、啓蒙は傲慢に決まっているんだよ。日教組の教師たちだって、教える側と教えられる側があって成立しているんだ。しかし、大衆のルサンチマンと、成功した人の足を引っ張るというメンタリティーとが絡み合って、全共闘の「自己否定」みたいなものが生まれる。だから、知はそう甘いものではない。

小説やギャンブル小説など世俗的な作品を、後年は仏教関係の入門書や小説を執筆した。著書に『はぐれ念仏』など。

今村昌平（一九二六～二〇〇六）映画監督、脚本家、プロデューサー。日本映画学校（現・日本映画大学）の創設者。『楢山節考』『うなぎ』の二度にわたってカンヌ国際映画祭で最高賞を受賞。

小沢昭一（一九二九～二〇一二）俳優、エッセイスト。日本の民俗芸能にも造詣が深く、レコード「日本の放浪芸」シリーズを制作した。語り芸の名手としても知られ、一九七三

適菜　市民運動や大衆運動は**反知性主義**という側面がある。市民運動で決めてはいけないことはあります。

呉　吉本の場合は、運動というより完全にカルトだね。『吉本隆明という「共同幻想」』を出した後、吉本信者から出版社に届いたハガキを編集者に送ってもらったけど、完全にカルト。「吉本先生に対してこんな批判をするなんて！」みたいな。大手書店の吉本のコーナーを見てたら、吉本の父の故郷を訪ねるという本があって腰をぬかしたね。吉本の父親の出身地の天草を調査していてさ。それになんの意味があるのかと思う。吉本思想のいい悪いは別として、吉本の父親が天草でやっていた会社が倒産したことを調べるのって宗教だよ。「吉本聖家族」の聖地巡礼やってんのね。ほんと『〈信〉の構造』。

適菜　むしろB層はそういうところだけにこだわるんですよ。たとえば「あいつは叩き上げだから」「アカデミズムに背を向

年にスタートしたラジオ番組「小沢昭一的こころ」は一万回を超す長寿番組となった。

斎藤龍鳳（一九二八〜一九七一）評論家。戦後『内外タイムス』で映画評を担当し、フリーになった後、独自の切り口による映画風俗ルポで人気を博した。著書に『なにが粋かよ』など。

ヴ・ナロード　一九世紀ロシヤで革命運動のスローガンとして用いられた標語。「ヴ・ナロード」は「人民の中へ」という意味。

遠山啓（一九〇九〜一九七九）数学者。一九五一年、数学教

けて筆一本で生活してきた」と評価したりする。

呉　政治をやるなら政治の論理がある。相撲取りが強くなるのと同じようなノウハウがある。プロテインを飲むとか、酒は控えるとか。それをやらなければ政治は強くならないのに、市民運動の連中はわかっていない。知識人は直接政治に関与しなくても、理屈で政治に関与することができる。でも、実践するときには実践の論理を知らないとダメだね。自分が正しいことを訴えればそれが政治になると思っていては。

東日本大震災と絆

呉　庶民を律していた共同体的な規範や庶民道徳を打ち破るものとして近代資本主義があったわけ。それはマルクスが言っているとおり。そこでレーニンはマルクスを踏まえながらプロレ

育協議会を結成、数学教育の改革に尽力。著書に『遠山啓著作集　数学教育論シリーズ』など。

反知性主義
知識や知識人に対する敵意。転じて国家権力によって意図的に国民が無知蒙昧となるように仕向ける政策を表すこともある。独裁国家で行われる愚民政策の一種。

タリアートは共同体規範が資本の力によって分解されて、そこから弾き出されてしまったものと言っている。つまり、かつての農村共同体や職人ギルドが破壊されて、孤立した個になってしまうのだけど、近代資本主義社会においては、それは資本の統治下に置かれる。工場において労働者になり、時間管理されトレーニングを受ける。そこにプロレタリアートの歴史的意義や使命がある、と言うんだけど、俺はそのレーニンの考え方がわからなかった。プロレタリアートが世界的な使命を担えるのかと。工場労働者を見ても、あの人たちが歴史の主人公というほど大げさなものであるとは思えない。

適菜　そうですね。実際には、前近代から分断された個人はソファーに寝転んでワイドショーを見て、回転鮨に並ぶようになったわけですから。

呉　ロシヤにおける社会改革も皇帝、帝制、農奴の問題がある。農奴解放をやらない限り、ロシヤの近代化、文明化は進まない。でも、単純な国際主義ではなくて、ロシヤの共同体に依拠する人たちもいるんだよね。ゲルツェンが典型的にそう。ゲルツェンは、基本的にはナロードなんだよ。ナロードとプロレタリアートは区別して考えたほうがいい。レーニンはもう一度ゲルツェンの富を簒奪《さんだつ》する形で、「私はゲルツェンの後継者である」と無理やり名乗るんだよね。でもこれは嘘です。レーニンがロシヤ革命のときに依拠したのはソビエトなんだよ。「ソビエト」とは地域にあった評議会という意味。ロシヤの伝統的な共同体は「ミール」だけど、それを評議会として読みかえたんだね。

適菜　はい。

呉　東日本の震災後にみんな「絆」って言い出したでしょ。でも、絆って「束縛」という意味だよ。**サマセット・モーム**の

『人間の絆』も「束縛」ということ。原題は『Of Human Bondage』だからね。人間はしがらみの中で束縛される。震災によってひとつの方向に収斂《しゅうれん》されるのはやむを得ない部分もあるけど、逆に言えば、大震災に耐えるだけの思想をみんな持っていなかったということなんだ。これは情けない。

適菜 でも、それは一部の知識人だけ持てばいいものだと思います。大震災に耐えられないほうが、ある意味真っ当ですから。

呉 うん。ユダヤ系の**マンハイム**が『イデオロギーとユートピア』で書いているのは、「知識人というのは浮遊している」と。つまり、その場に固着しないで、与えられた場から離れて見ることができることが知識人の役割と考えた。思想って、そういうものでしょう。ものごとを対象化して見るわけだから。マンハイムの場合、マルクス主義への対抗意識があった。マル

サマセット・モーム（一八七四～一九六五）
イギリスの小説家、劇作家。平明な文体と物語の巧みさで、通俗作家として人気を博した。第一次世界大戦に軍医、諜報部員として従軍。ロシヤ革命時には、イギリス情報局秘密情報部に所属した情報工作員。著書に『月と六ペンス』『人間の絆』など。

カール・マンハイム（一八九三～一九四七）
ハンガリー生まれの社会学者、知識社会学の提唱者。真理に近づくためには、立場を自由に浮遊する知識人になるべきだと説いた。著書に『イデオロギーとユートピア』『変革期における人間と社会』など。

クス主義は、民族性や国民性といったものに対し、プロレタリアートという概念を出してきた。「プロレタリアートという概念は基本的に抽象的だから、民族性や国民性にとらわれない新しい人間だ」「だからこそ歴史の主人公になる」とマルクスは考えた。

適菜　そのままキリスト教のカラクリですね。

呉　うん。結局、フランス人のプロレタリアート、ドイツ人のプロレタリアートがいただけで、そうはならなかった。ソビエトという巨大な民族ができて、それがプロレタリアートという旗を振ることによって威力を発揮する。その対抗意識としての浮遊する知識人の役割が放棄されてしまっている。震災後の「絆」に対し、何も言えなくなっている。

適菜　私は一応言っておきましたけどね。東日本大震災の後、サントリーのＣＭで、いろいろな歌手や俳優やタレントが、

『上を向いて歩こう』や『見上げてごらん夜の星を』を歌いつないでいく。そして、最後に小さくSUNTORYという文字が出る。あれはいやらしい。どうせならでかい字でSUNTORYと出せばいいと。震災に乗じた「絆」ビジネスなんだから。

愉快犯と真性バカ

適菜　大澤真幸《おおさわまさち》が『逆説の民主主義』という新書を出していて、それこそツッコミどころが三十カ所ぐらいあるひどい本。日本国憲法の精神を国際的に波及させれば、戦争は回避されるというわけ。で、「憲法を活用するためには、憲法と安全保障政策の間の矛盾を解消しなくてはならない」と。それで、日米安保条約を破棄して、自衛隊も解散すればいいと。

大澤真幸（一九五八～）
社会学者。著書に『資本主義のパラドックス』『不可能性の時代』『近代日本のナショナリズム』など。

呉　あれはそんな人なの？

適菜　さらに変なのは、日米安保が必要とされている理由は、北朝鮮の存在があるからだと。その北朝鮮が体制を維持できるのは謎だというわけです。かつての東欧の社会主義国のバックにはソ連がいたけど、北朝鮮のバックには何もないと。そんなのバックに中国がいるからに決まっているじゃないですか。その次元の話が新書一冊に貫かれている。それで、北朝鮮を民主化させるには、「日本は、外交上の努力によって、北朝鮮の国境を可能な限り開放的なものに」させればいいと。続けて、「しかし、現在は、中国に脱出した難民は、発覚される度に、北朝鮮に強制送還されている。これをやめさせなくてはならない。つまり、日本は、中国および韓国を説得して、三国で、北朝鮮からの亡命者を、すべて無条件に受け入れればよいのだ」という。そうすると、「その後は、北朝鮮国内で、自律的に民主化運動が起こるだろう。大量の亡命が可能であるという事実そのものが、北朝鮮の体制（を支持していた第三者の審級）が既に死んでいたということの告知になるからだ」だって。バカなんですかね。国境は主権の問題なんだから、国境が崩壊したら主権がなくなるに決まっている。小学生だってそのくらいのことはわかる。こんな人が京大で教えていたという……。

呉　先ほどの神の存在を証明した某大学教授もそうだけど、本当にバカなのか愉快犯なのか、自分の演技が実体にまでなってしまうのかいろいろある。柄谷はそんなに頭は悪くないと思うんだけど、そう言えば地域通貨みたいなのをやっていたしね。

適菜　NAMですね。あれも意味がわからない。

呉　生協運動は昔からあったけど、苦労しながら一種の企業として成立した。生協の商品はそれほど安くないとかいろいろ批判はあるけど、生産過程から流通まで可視的になってるから、

NAM
柄谷行人が二〇〇〇年に立ち上げた、国家と資本に対抗する社会運動。New Associationist Movementの略。エコロジー活動家などが参加したが、人間関係の軋轢などにより、二〇〇三年に解散。

支那から安いものを買ったりしないし、変な毒も入っていない。肉に抗生物質を含んでいないとか、どこまで本当かわからないけど、いくらかは信用できる。

適菜　体制内で通貨をつくれば、主権の問題になりますね。

呉　台湾だか韓国で偽コインで自販機を使う犯罪が話題になったけど、それと同じ。

適菜　最近、この手のバカが増えてるような気がします。黒岩《くろいわ》祐治《ゆうじ》という神奈川県知事の公約が、「四年間で二百万戸分の太陽光パネル設置」だったんです。当初は夏までに五万から十五万戸に設置するとしていた。もちろんそんなことは不可能だし、どうせ嘘だろうと思っていたら、当選した翌日に公約を修正した。さらにしばらくして記者から公約の不履行について質問されると、「あのメッセージは役割を終えた。忘れてほしい」と言ったんです。

黒岩祐治（一九五四～）神奈川県知事。フジテレビで『新報道2001』のキャスターなどを務めたのち、大学教授などを経て、二〇一一年、神奈川県知事選挙に出馬、当選。

呉　男女の約束を破った言い訳みたいだな（笑）。

適菜　小泉純一郎は「この程度の約束を守れなかったのは大したことではない」と言ったし、民主党は途中から「マニフェストは努力目標だ」とごまかしましたが、「忘れてほしい」というのは前代未聞です。これは本物だなと思ってチェックしていたら、黒岩は「神奈川県の独立を目指す」と言い出した。規制を緩和して「自治政府」をつくる、日本の中に「外国」をつくると言っている。これは主権の侵害でしょう。真性バカと思われているから放置されているのでしょうが。

呉　文学者の想像力として、たとえば**井上《いのうえ》ひさし**が『ひょっこりひょうたん島』を仮想するのはわかる。でも政治家がそれを言い出したら無茶苦茶だよな。

適菜　『**吉里吉里人**《きりきりじん》』の世界ですよ。こういうことを平気な顔をして公の場で言う政治家が現れ、それをおかしなことだと思

井上ひさし（一九三四～二〇一〇）小説家、劇作家、放送作家。浅草フランス座で文芸部員兼進行係を務めたあとNHKの人形劇『ひょっこりひょうたん島』の台本を共同執筆。以降、戯曲、小説、エッセイなどを数多く執筆した。著書に『手鎖心中』『吉里吉里人』など。

『吉里吉里人』
井上ひさしの長編SF小説。東北地方の一寒村が日本政府に愛想を尽かし、突如「吉里吉里国」を名乗り独立宣言する。これを阻止する日本政府と吉里吉里国側との攻防を含む一日半の出来事を描いた作品。

わない人間も増えている。

呉　マルクスが**プルードン**を空想的社会主義者と呼んだのと同じで、結局人間は同じことを繰り返している。リアリズムがあれば国家権力を握ろうとするか、小規模に生協とか、知人を集めて農園をやったりさ。かつての**上九一色村**《かみくいしきむら》の村長は、みんなが開拓したところだからオウムには渡せないと言った。あの村長は共産党に近かったけど、そのいいところが出た。理屈だけではなくて実践的に村を開拓していくといったプラスの郷土愛が、反オウムにうまく作用したんだよ。

適菜　寂れた商店街をどうするかを考えたり、具体的なものの積み重ねしか意味を持たないのに、自己顕示欲が空回りしているのですね。

呉　俺がそういう自己顕示欲にあまりとらわれなかったのは地方出身ということもあると思う。大学に入って東京に出てきた

ピエール・ジョセフ・プルードン（一八〇九〜一八六五）フランスの社会主義者。生産者の自由連合思想による社会革命と改良を説いた。「無政府主義の父」と呼ばれる。

上九一色村　山梨県南部に位置する村。現在は分割され、甲府市と富士河口湖町に編入されている。オウム真理教が「サティアン」と呼ばれる収容施設を建設し、サリン製造など犯罪の拠点となった。

ときは、周りがハッタリばかりのマウンティング野郎でさ。こちらは田舎で真面目に受験勉強してきたのに。知識を職業とする奴は、金儲けをしたい、女にモテたい、いい家に住みたいというのもちろんあるけど、その裏に変な自己顕示欲がある。これは業《ごう》が深いものでね。サラリーマンは成果が具体的に数値化されるでしょう。若くして課長になれば給料が増えるとか。でも、知識人の場合、本が五十万部売れた奴が五千部売れた奴よりも偉いかどうかはわからないんだよね。通俗作の五十万部より、シブい層に五千部売れたほうが評価される世界だ。反対に五十万部の奴が五千部の奴を妬《ねた》んだりという構造を持ってる。

適菜　そうですね。そのメンタリティーは作家だけではなくて、出版社にもある。

呉　ベストセラー作家だけど、バカにされている奴は大勢いる。ベストセラー作家ならまだマシで、どうでもいいような通俗ビジネス本は百万部売れても、バカにさえしてもらえない。そういう意味では柄谷なんて頭はいいはずなのに、どうして愉快犯的なことをやるのか不思議で仕方がないね。なぜ、部分的な形でも権力に関与する方法をとらないのか。偉大な革命の計画があるなら、それは百のうちのせいぜい一か二に過ぎないかもしれないけど、それで自分の教え子たちを普通の地方公務員にして、住人から「水が溢れて困る」と言われたら修理に行くようなことをさせたほうがいいはずなんだけどね。

適菜　私はずっと橋下徹批判をやっていたんですが、これは原稿料とか自己顕示欲とか一切抜きで、あんなものが国政に出たら大変なことになるという純粋な愛国心のために書いていたんです。批判を始めた頃は、橋下信者に罵声を浴びせかけられましたが、最近は減ってきた。もっとも偉そうなことは言えなくて、私が文章を書いている最大の理由は、会社に行きたくないとか、満員電車に乗りたくないとか、それだけなんですけど。

呉　それは誰でも目の前にバナナやニンジンがぶら下がってないと走らないことはあるよ。でも「ニンジンが二本なら走るけど一本では走らない」というのは量に換算できるからわかりやすいけど、奇妙な自己顕示欲を持つ人間に、感動している連中もまたいるんだよね。

適菜　吉本信者に橋下信者……。信仰は人生をこじらせますね。

三島由紀夫はなぜ死んだのか？

呉　三島由紀夫が割腹したとき「三島を見直した」みたいな感じの意見があった。それまでの三島像は、作家の道楽、それこそ自己顕示欲と思われていたから。でも、三島が目指していた理想は、自衛隊という実務部隊が大きくなることによって負けてしまった。近代においては、明治以前の武士の武道よりも、百姓、町人を集めてきて、ある期間トレーニングをさせた部隊のほうが強いということだよね。アレクサンドロス大王の頃も、長槍密集部隊がいた。ファランクスね。それまでは武人同士が闘っていたのだけど、縦百人、横百人が刀も持たずにデカい楯だけを持って、全体を真四角に囲って、その中に二メートルぐらいの槍を持つだけの奴がいて、敵側にそのままズズズッと進軍して勝っちゃうんだよね。アレクサンドロス大王、その前の**フィリッポス二世**からだけど、これで戦争に勝っている。だから、個人の信念と組織力とを考えたとき、三島が本気だったか本気ではなかったかというのはほとんど問題ではなくなる。国防なら自衛隊、外務省の情報力、これが強い、となって

フィリッポス二世（紀元前三八二〜紀元前三三六）古代マケドニアの王。アレクサンドロス大王の父。テーバイの人質時代に長槍を携えた重装歩兵の密集陣形であるファランクスを学び、それを改良してマケドニア式のファランクスを創始。軍制改革を行い、マケドニア軍をギリシャ最強の軍隊にした。

しまう。でも、本気が消えてしまったわけではない。今はすべてが実務の時代で、それこそ三島が否定したのっぺりしたつまらない社会だけど、どこか隅に追いやられたはずの「本気なるもの」が復讐したのがオウムだったと思う。

適菜　三島は若い頃から一貫して「小説家は自殺するべきではない」と言っている。**太宰《だざい》治《おさむ》**や**芥川《あくたがわ》龍之介《りゅうのすけ》**に対して、自殺する文学者は信用できないと批判した。結局三島は、小説家としてではなく武士として自殺したんですね。武士には武士の道徳律があり、切腹や自決は、その内部に含まれる。三島のロジックは一貫していて、小説家の美学として死ぬわけではなく、武士の行為として死を選ぶのだと。

呉　それはそのとおりで、三島の認識は間違っていない。つまり、惰弱《だじゃく》な自我が世間に対する最後の恨みつらみで死んだというのではなくて、憤死だった。

太宰治（一九〇九～一九四八）作家。井伏鱒二に師事。坂口安吾、織田作之助らとともに無頼派の代表作家とされる。不安と退廃を意識し、傷ついた知識人を見つめながら、一方純粋な愛を追求したが、敗北して玉川上水に入水自殺した。著書に『晩年』『斜陽』『人間失格』など。

芥川龍之介（一八九二～一九二七）作家。東大在学中に「新思潮」に参加し、『鼻』が夏目漱石に認められる。『羅生門』『芋粥』など歴史小説を多く書き新理知派の代表作家となる。『戯作三昧』で芸術至上に傾き、『玄鶴山房』『河童』発表後自殺。他に『蜘蛛の

適菜　褌《ふんどし》を締めて神輿《みこし》を担いだときに、はじめて見えた世界があったと『太陽と鉄』で書いています。三島はそれを「肉体の言葉」と呼び、外国語を学ぶようにして身につけたと。神輿の担ぎ手は一種の酩酊状態になる。その彼らの目に見えているものはなんなのか。それはロジックではわからない。三島は実際に神輿を担ぐことで、それが「初秋の絶対の青空」であることを確認する。悲劇的なものの、悲壮、陶酔、明晰といったものは、言葉ではなく、肉体によってしか接近できないということですね。

呉　そこに、近代的な知が無視してきた問題が表れていると思う。**安斎育郎**《あんざいいくろう》という原発批判をずっとやってきた真面目な学者がいる。立命館大学の先生でね、オカルト批判もやってきた。立派な方です。彼は、「科学で重要なことはＨＯＷを問うことではなくて、ＷＨＹを問うことだ」と言う。これ、他にも啓蒙

糸』『或阿呆の一生』などがある。

安斎育郎（一九四〇〜）原子力工学者。専門は放射線防護学、平和学。長年にわたり国の原子力政策を激しく批判してきた。著書に『福島原発事故—どうする日本の原発政策』など。

的で真面目な人がよく言うんだけど、実は近代的な知が敢えて触れないようにして、むしろ封じ込めてきたことです。たとえば子供が「歯が痛いよぉ」と泣いている。「ママ、なぜ歯が痛いの?」って。これに対して「おまえが歯を磨かなかったからだよ」とか「虫歯の穴に水がしみるからだよ」とか答えることはできる。つまり、HOWへの答えだね。しかし、「ママ、そうじゃないよ、なぜ僕が歯が痛いんだよ、他ならぬこの僕がなぜ歯が痛いんだよ」と問われたら、どう答えるか。

適菜　子供は「他ならぬ僕」なんて言いませんよ。でも、そこは重要なところですね。

呉　いや、ヤスパース少年だったら言うぞ(笑)。つまりね、WHYを問うと、最後にはアリストテレスの言う「目的因」をつつき出しちゃうんだよ。原因・目的の究極ね。別言すれば形而上学。**オウム**の**麻原《あさはら》彰晃《しょうこう》**のやったのはそれでしょう。医学

オウム真理教
日本の宗教団体。松本サリン事件(一九九四年)、地下鉄サリン事件(一九九五年)などのテロを含む多くの反社会的活動(オウム真理教事件)を行った。

麻原彰晃(一九五五~二〇一八)
本名・松本智津夫。日本の宗教家、宗教団体オウム真理教の教祖。日本の国家転覆を企て逮捕、一連の事件により死刑に処された。

部出身、工学部出身のエリートが、みんな麻原に転がされた。それは、WHYを封じこめ、世俗的なHOWに限局していた知を、敢えて開封したからだよ。「おまえは医者として患者を診てきた。でも、救えないことがあったよな」「それは薬が効かなかったからです」。「しかし、他ならぬあの子供が死んだのはなぜか。WHY」。こう問われると、もうわからなくなる。そこで麻原は言う。「業だよ」と。

適菜　要するに合理主義の限界ですね。そこを突くのが宗教で、麻原は愚直にそれをやった。

呉　そうそう。人間の実存としての限界を、科学のタームの中に入れた瞬間に麻原が勝ったんだよ。本来それは科学の**ターミノロジー**の中に入らないはずだった。ただ「なぜこの子が死なないといけなかったのか」「すべての人に予防注射した。でも死人が出ました。それがなぜこの子なの？」と言われたとき

ターミノロジー　特定の分野の専門用語。術語。

に、他ならぬこの子である説明ができない。つまり実存の不条理みたいなもんで。

適菜　でもそれは見えている世界が狭いエリートたちの話であって、一般的に保守と言われてきた人間のほうが、合理の限界に気づいていた部分がある。合理だけで人間は動いてないと感知することが保守でしょう。学問としての社会科学は、人間が合理的に行動することを前提にモデルを組むけど、現実社会の人間はほとんど合理的に動いていない。だから理屈も宗教も尊重するけど、簡単に取り込まれることもない。三島も、こうした肉体でしか説明できないものが非論理的な混迷と勘違いされる危険について自覚しています。「そんなものは小説家の言葉遊びであり、自分の混迷をごまかしているだけだ」と。でも、三島が言いたいのは、釣り師がいろんな釣竿を試したり、剣道で自分にしっくりくる竹刀《しない》を選ぶのと同じで、観念にも寸法と重みがあるということなんですね。

呉　それが文化・文明が築いてきた層の厚みだと思う。伝統が緩衝装置になるんだね。共同体では自分の中に出てくる奇妙な疑問を吸収する緩衝装置が当然できてくる。村はずれのお地蔵さんを拝んだりするのもそう。ヨーロッパでも、本来のキリスト教と世俗化したキリスト教との葛藤があり、疑問を生の形で突き付けられたときに、それを抑えることができた。

適菜　「なぜ歯が痛いの？」と子供に聞かれたとき、きちんとしたお母さんだったら、「あんた何バカなこと言ってんの？」「歯を磨いて寝なさい」で終わりですよね。同じような話が昔話題になって、テレビ番組で子供が「なぜ人を殺してはいけないのか」と発言して、それを大江健三郎が批判した。

呉　大江はものすごくみっともない批判をした。「まともな少少年ならそういうことは言わない」と言った。本来、大江がもっととも嫌ってる言論の封殺じゃないの。

適菜　大江に対する反論もいろいろありましたけどね。それもしらじらしくて嫌だった。私は大江は正しいと思いますよ。クソガキの意見なんて封殺すればいいんです。それでそのガキは自分の意見は世間では受け入れられないということを確認して、その後に場合によっては哲学的に考え出すかもしれない。でも最初から大人がにやけて、「君の意見には哲学的な部分がある」とか言うのは気持ち悪いですね。

呉　「子供が何バカなこと言ってんだよ、そんなの大人になればわかるよ」とか言えばよかったんだけど、みんな子供の挑発に負けてしまった。

適菜　それで深刻な顔をして「悪とは何か?」とか言い出す奴もいて。アホかと。そんな問題は大昔からある話で。

呉　それを言えばいいんだよ。「これは大昔からある問題だ。

だからきちんと勉強しなければダメだよ」と言えばいい。ここで問題なのは、われわれの言説空間に流れている言説そのものが、実は哲学を忘れているということ。哲学はスイッチになっているけど、原点のところは二千五百年前に原型があって、そのバリエーションとして進んでいる。それを考えずに、今の言説だけを切り離してやるから子供の挑発に負けてしまう。

適菜　要するに、こんなどうでもいい話に突っ込みを入れる大江もどうかと思うけど、それに反論した作家や哲学者もおかしいんですよ。「少しは本を読んでから発言しろ」で済む話。

呉　俺は適菜君の感覚が正しいと思う。哲学と倫理学は隣接領域で近いんだけど、われわれの言説空間と哲学の乖離《かいり》、ギャップについてみんな考えてないんだよ。最悪な場合、常識を流しているだけ。

適菜　でも常識を流し続けるというのは大事だと思います。普通に考えたら「なぜ人を殺してはいけないのか」という問いには、「いいときもあれば悪いときもある」としか言いようがない。それと「いい」と「悪い」の定義を先に決めろと。要するに、ひとことでは言えない問題を、ひとことで言おうとするから頭がこんがらがるだけの話です。

第四章

B層社会の反知性主義

指導者と制度外的思考

呉　俺は大学の講義で**中沢啓治**《なかざわけいじ》の『**はだしのゲン**』を使っているけど、識者を自称する人たちの評価が興味深い。保守の中には、こんな左翼的なものを学校で読ませるのはいかんと言う人がいる。これはこれでわかりやすいといえばわかりやすい反応だね。一方、左翼はこういうのを読ませなければいけないと言う。でも、今の日本は核を持っていないんだからそこで反核平和教育してもあまり意味がない。むしろ『ゲン』は支那やロシヤ、北朝鮮の奴らに読ませなければいけない。それが核抑止力になるんだ。支那政府は一時「アメリカの核なんか恐るるに足らず」と言っていた。一般の人民は何も知らないから、核なんか怖くないと思ってる。でも、核の恐怖を教え込まなければ、

中沢啓治（一九三九～二〇一二）
広島県出身の漫画家。一九四五年、国民学校への登校中に被爆し、家族を失った経験をもとに、戦争、原爆、平和というテーマで多くの作品を残した。

『はだしのゲン』
一九七三年より、『週刊少年ジャンプ』『市民』『文化評論』『教育評論』の四誌にわたって連載された、中沢啓治の自伝的漫画。原爆で家族を亡くしながら、たくましく生きる主人公・ゲンの姿を描いた。旧日本軍などの過激な描

核抑止力論自体が成り立たなくなる。だから、そのためには、『ゲン』は一番いい教材なんだ。俺は右翼とも左翼とも違う意味で「核を政治利用しろ」と言っている。保守派の連中が抑止力としての核が必要だと言うなら、それこそ『ゲン』を拡散したほうがいい。

適菜　原爆投下も市街地の空襲も、どう考えてもアメリカによるホロコーストです。その実態を知らしめることは大切です。

呉　俺は政治の技術として大衆扇動は必要だと思っている。テレビのCMもつまりは大衆扇動でしょう。どうやってこの商品を買わせるかを考える。結局、大衆は政治技術でしか扱うことができないようなものだと思う。

適菜　大衆は近代の産物ですが、近代化を進める原動力にもなる。私はこれまで何冊かの本で近代大衆社会の問題点について書いてきたのですが、結局、大衆社会においては、どんどんわ

写をめぐり、主に二〇一二年～一三年にかけて学校図書館での閉架措置問題が話題となった。

かりやすい政治が求められるようになっていく。それで小泉純一郎みたいな政治家が出てきて、あらゆる案件を二択三択問題に矮小化していく。二択三択問題で解決しない問題を扱うのが政治でしょう。そこでは妥協や調整、熟議が求められるはずなのに、マニフェストを提示してそれを実現するなんてバカなことを言い出す政治家が増えた。そんなものは政治の放棄ですよ。

呉 大衆をどのように束ねるかというのは技術的な問題であり、本来の社会の指導者は、そちらにエネルギーを使うべきではないと思う。指導者層は、人口の一パーセントはいると思うけれど、彼らが本来やるべきことがおろそかになっている気がするのね。古典の重要性を熟知し、継承するのはエリートの役割だと思う。どんな社会、どんな文明圏においても、そういうエリートは必ず人口の一パーセントはいると思う。そうでなければ社会は成り立たない。じゃあ、東大出がエリートかというと、そんなバカなことはなくて、会社でいえば係長クラスとか、町内会の世話役とか。先にたって合図する人というのは絶対必要なわけで、今度はそれを束ねる人が十人に一人ぐらい、さらにそれを束ねる人が十人に一人ぐらい必要になってくる。もっとも、そのエリートが大衆扇動の技術に力を注ぎ過ぎて、さらに大衆扇動が自己目的化してしまい、しかも、扇動しているつもりで、自分自身が扇動されているようでは指導者としての意味がないんだよね。

適菜　それこそが平成以降の傾向です。エリートであるべき人間が、自己破壊を行ってきた。政治家が大衆に迎合し続けた結果、大衆のメンタリティーが政界を汚染するようになった。民主主義に対するセーフティーネットである三権分立や**二院制**も攻撃を受けてきた。

二院制
独立して活動する二つの議会（議院）によって構成される政治制度。

呉　俺が適菜君に聞きたいのは、指導者は制度に保証されない制度外のものではないかという気がするんだ。もちろん、制度が保証しているものもある。学校教育だったり、出版システムだったり。それで本を読んだり、学校に行くことができるわけだけど。でも、指導者はそうではない。

適菜　本来はそうあるべきですね。でもそれは、制度の枠組みを知った上で判断できる真のエリートの話で、今は最初から民主主義を知らない人間が政治家になっているわけです。学校の教科書に「三権分立は民主主義にとって大事なことです」と書いてあったら、そのまま信じてしまう。もちろん、そんなわけはない。民主主義の危険性を封じ込めるためにも権力の分散は必要なのですから。

呉　俺が制度外的思考と言うのはそこなんだ。学校秀才の気づかない外在的な思考ができるかどうか。シュミット風に言えば

「秩序の例外状況」を見すえることができるかどうか。子供が大人になっていくとき、最初は学校で、あいうえお、一+一=二からやるわけだよね。でも、何かの拍子にそれに疑問を持つような瞬間があったとき、制度外的思考が彼の中、彼女の中に芽生えるわけでしょう。それを自分の中でつくりつつ、制度を外在的に見ていこうということを言いたいわけ。それでなければ、指導者は意味がない。危機に陥ったとき、今の文明のシステム自体がまずいということに気づかない。

適菜　だから指導者は本を読まなければならない。くだらない本を一万冊読むより、読むべき百冊を血肉のものとしなければならない。この二百年で歴史が歪んでいるなら、古典を読んでバランスをとらなければならない。**ナポレオン**は戦地に山ほど本を持っていった。その図書目録についてゲーテが語っているのですが、政治の項目に**『旧約聖書』**『**新約聖書**』『**コーラン**』

ナポレオン・ボナパルト（一七六九〜一八二一）革命期フランスの軍人、政治家。フランス第一帝政の皇帝。一七九九年、クーデターにより第一統領となり、フランスの近代化を推進した。一八〇四年に皇帝に即位し、欧州を制圧。

『旧約聖書』
ユダヤ教およびキリスト教の正典。イスラム教においても、一部が啓典とされる。主として行動規範、キリスト生誕以前の歴史と預言が記されている。

『新約聖書』
『旧約聖書』と並ぶキリスト教の正典。イエス・キリストの生涯を著した福音書、黙示

が挙げられていたそうです。つまり、ナポレオンが政治と宗教をどういう観点から眺めていたかがわかると。

呉　真面目な弁護士が正義を振りかざすと、必ず今の法律制度の枠内の正義になってしまう。でも法律はあくまでひとつの政治制度に過ぎないわけだから、それと違う正義の存在に気づかないんだね。これも一種の学校秀才だ。真面目なだけに始末が悪い。でも外国や歴史や伝統、古典に視野を向ければ、外在的に、現在の文明システムを批判する視点があるかもしれない。だからニーチェもそうだけど、一八世紀、一九世紀の西洋知識人は、ヨーロッパ的な思考の限界に気づいたときに、アジアや中東に視線を向けたんだ。

適菜　西欧人は自分たちが文明の最前線にいると信じてきた。ニーチェはそこを批判した。仏教は現実的な運動だったとニーチェは言います。キリスト教のような道徳的欺瞞もないし、ル

録、使徒行伝と書簡など、全二十七の書からなる。

『コーラン』
イスラム教の根本聖典。ムハンマドが神から受けた啓示として、行動規範から法の規程までが集録されている。全百十四章からなる。

サンチマンの感情を除去している。神への祈りという概念もない。だからニーチェは、西欧は仏教の段階まで到達していないと言うわけですね。

呉　ニーチェは、**ツァラトゥストラ**に仮託して語ったわけだね。そういうのが制度の中に、自分を疑うときの、外在要因としてあった気がする。さらには彼ら知識人が言っているギリシャだって、今の科学水準からいくと、本当のギリシャかどうかわからない。理想形としてつくられたギリシャに過ぎないわけだからね。

適菜　狂人の集団の中では正常な人間は異常に見える。ツァラトゥストラも、市場の群衆から嘲笑されるわけです。彼らは何を言っても耳を貸さない。それでツァラトゥストラは、群衆に語りかけることは間違っていることに気づく。ニーチェの言う「超人」は制度外そのものですね。

ツァラトゥストラ
ニーチェの著書『ツァラトゥストラはこう言った』の主人公。キリスト教的な理想の対極にある「超人」の思想が展開されている。

仏教に注目した西欧人

呉　西洋はあるときイスラムがすごいと発見する。まず**十字軍**が驚くわけだよね。自分たちは神の国でキリスト様を大事にしているにもかかわらず、イスラム世界に行ってみたらわれわれは後進国だったと。語頭に「アル」がつくアルコールやアルカリといった言葉は、全部アラビア語の冠詞、英語なら「ザ」なわけだよね。それもそのまま西洋に入ってくる。

適菜　シチリアに行ったときに、ひとつ勘違いしていたことがわかったんです。ゲーテもニーチェも「ギリシャは偉大だった」と言うけど、そこに一九世紀の社会状況に対する批判的なニュアンスを感じていた。もちろんそういう側面もありますが、本当に偉大だったんですね。芸術をはじめとするあらゆる

十字軍
一一世紀末～一三世紀にかけて、西欧キリスト教徒による聖地エルサレム回復のための中近東各地への遠征。一〇九五年のクレルモン会議で宣言された遠征が第一回とされる。

アルキメデス（紀元前二八七～紀元前二一二）
古代ギリシャの数学者、物理学者。「アルキメデスの原理」など、流体静力学の基礎をつくった天才的科学者として知られる。

分野で、一九世紀よりギリシャのほうが優れてる面がたくさんある。**アルキメデス**はシチリアの**シラクサ**出身ですが、アテナイオスの記録によると、巨大船**シュラコシア号**を設計して造っている。近代になるまで造れなかったような超巨大船を。

呉　ギリシャは小国に過ぎないけど、**ヘレニズム文化**は地中海全体の共有文化になっていた。さらにはインドにまで進出していく。**メナンドロス**はギリシャ文明的な教養を持ってインドのほうに王国をつくった。メナンドロス王すなわちミリンダ王だね。文明論的に世界を支配していたところもあるわけでしょ。日本で言うなら、文明圏を形成しえた支那です。今は支那と政治・外交でもめることもあるけど、かつては文明の中心だったわけで、東アジア一帯を支配する巨大な文明秩序があったということ。日本人がそれを学ばないのは資源の無視です。だから適菜君が言うように、古典の中に思考の原型を見出すというこ

シラクサ
イタリアのシチリア島南東部に位置する都市。古代ギリシャ・コリントスの植民者が発見したとされ、現在も神殿や聖堂など歴史的な遺跡が多数残っている。

シュラコシア号
第一次ポエニ戦争時代にシラクサを支配していたヒエロン二世が、アルキメデスに設計を依頼したとされる巨大船。ネジ構造の「アルキメディアン・スクリュー」が採用され、搭乗員数は六百人、庭園や神殿も備えた。

ヘレニズム文化
アレクサンドロス大王の東方遠征により、ギリシャ文化と古代オリエント文化が融合し

とだよね。それはだいたい二千五百年前にインド文明と支那文明とギリシャ文明でできあがった。それをヤスパースは「軸の時代」と言っている。その軸となる思考を叩き台にして考えるのが重要でしょう。もっとも、ひょっとしたら、われわれが気づいてないものがほかにある可能性もある。アフリカの奥地は、植民地として文化が根絶やしにされたけど、実は二千年前、三千年前に何かあったかもわからない。中南米もそうだね。

適菜　字を持たなかった文明も多かった。ニーチェの『**悲劇の誕生**』も、ギリシャの話ですが、**ワーグナー**やショーペンハウエルを題材に使った。それで、当時の古典文献学の学界から総スカンを食ってしまった。なんで同時代の音楽家と哲学者の話を持ち出すんだって。でも、現在の目を通した過去しかありえないわけだし、そういう形でしか古典に接近できない。だか

て生まれた文化。自然科学、哲学の発展にも大きく寄与したとされる。

メナンドロス一世（生没年不詳）
インド・ギリシャ人により西北インドに建てられたグリーク王朝の国王。在位は紀元前一五〇年頃から紀元前一三〇年頃とされ、北インドからアフガニスタンに至るまで、同王朝において最大の勢力を築いた。

『悲劇の誕生』
ニーチェが一八七二年に著した処女作。理性と情動、造形と音楽という概念を、ギリシャ神話の神＝アポロンとディオニソスに象徴させて分析。ギリシャ悲劇の盛衰を描いた。

ら、ニーチェがギリシャから汲《く》み取ろうとしたのは精神の構造の部分ですよね。

呉　学問が、死に学問か生き学問かという話があってね。哲学や政治学をやると、研究者は細かい実証をやるようになる。それはそれで重要なんだけど、実証によって見えてくるものが大切でしょう。荘子の話もそうで、学者が一生懸命研究しても、現在のさまざまな問題を解釈するときに生きてこないと意味がない。日本では東洋研究も行われているけど、思考方法そのものを学ぶという形にはなっていない。あるとすれば非常に通俗的な、**安岡正篤**《やすおかまさひろ》の政治倫理みたいなものばかり。

適菜　それはどうしてなんでしょう。思考法を考える思考法がなかったのかな。

呉　ひとつは日本の近代化の不幸だね。アジア的なものに対する嫌悪があった。一方「なにもわれわれは西洋人の言うことを

リヒャルト・ワーグナー（一八一三〜一八八三）ドイツの作曲家、指揮者。中期ロマン派を代表する作曲家。代表作に「さまよえるオランダ人」「タンホイザー」「トリスタンとイゾルデ」「ニーベルングの指環」など。

安岡正篤（一八九八〜一九八三）大阪出身の陽明学者、思想家。「東洋思想研究所」を設立し、大正デモクラシーに対し、日本主義を主張した。終

聞くことはねえんだ」みたいな形の言説は、庶民のナショナリズムとしてあった。

ギャンブルと脳内麻薬

適菜　「賢者は歴史に学び、愚者は経験に学ぶ」という言葉があるじゃないですか。

呉　有名な言葉だけど誰だっけ？

適菜　**ビスマルク**という説が有力なんですけど、実はビスマルクは言っていないという説もある。**セネカ**ではないかと言う人もいるけど、セネカでも見つからなかった。「賢者は歴史に学び」まではわかるんですけど、「愚者は経験に学ぶ」がわからない。「経験に学ぶ」のはいいことなのではないかと。

呉　言葉のまま捉えれば別に悪いことじゃない。

戦時の「玉音放送」の原案を添削した人物として知られる。

オットー・フォン・ビスマルク（一八一五〜一八九八）プロイセン、ドイツの政治家、貴族。一八六二年にプロイセンの首相となり、七一年の普仏戦争に勝利してドイツを統一。同年よりドイツ帝国初代宰相となり、「鉄血宰相」の異名をとった。

適菜　そうなんです。私はB層の研究のフィールドワークで変な飯屋に行ったり、朝からパチンコ屋の前に並んでいる顔色の悪い人を観察しに行ったりしていたのですが、「虎穴にいらずんば虎子を得ず」ということで、**一円パチンコ**をやってみたんですよ。そしたら「ミイラ取りがミイラ」になって、結構はまってしまった。二時間ぐらいやって、二千円勝つ、二千円負けるぐらいの感じです。

呉　パチンコってこの二十年ぐらいやったことないんだけど、一円パチンコというのは玉に一円って刻印が入れてあるの？

適菜　いいえ。でも、玉の移動が簡単にできないようになっている。それで他の客を観察していたんですが、リーチがかかって大当たりがきそうになると、朝一番にやってくる常連のババアが、興奮してパチンコ台をバンバン叩いたりするんですよ。そして、実際に当たると、自分が台を叩いたから当たったかの

ルキウス・アンナエウス・セネカ（紀元前四頃～六五）
政治家、哲学者、詩人。ユリウス・クラウディウス朝時代のローマ帝国で活躍し、第五代皇帝・ネロの家庭教師としても知られる。ストア派哲学者として実践哲学を説いた。

一円パチンコ
パチンコ玉を「一玉一円」で借りて遊戯をするパチンコのこと。一般的には「一玉四円」であり、低資金で遊戯可能なサービスとして二〇〇〇年代中頃より導入された。

ような満足げな顔になる。つまり、「人間は自分の行動と世界との間に因果関係を無理やり見出す」ということをビスマルクは言いたかったのではないかと。

呉 そういう意味か？ 違うと思うけどなぁ。そのバァさん、実験室のサルみたいじゃないの（笑）。

適菜 ビスマルクの時代に一円パチンコはなかったですけどね。

呉 人間はなぜギャンブル中毒になるか。ひとつは自分に幸福が降り注いでほしいという願望がある。自分だけが世界の機密を知っており、その機密を知ることによって世界が動き出すというおとぎ話と同じ構造。呪文を唱えると扉が開くみたいなね。それは人間の実存的な、自己承認的なものにつながっていて、それを商売にするのがギャンブルだと思う。ギャンブルの起源は多くの人類学者が言うように宗教に関係しているわけで。

適菜　でもパチンコ屋の常連のババアはそこまで考えてないですよ。

呉　考えてはいないけど、人間の脳に組み込まれてるからさ。

適菜　脳研究でパチンコを分析したものがあります。よく勘違いされるのは、当たったときの興奮が忘れられなくなるという説明。実はそうではなくて当たったときに安心するから中毒になるらしい。ギャンブルにカネを注ぎ込むと不安に支配されるようになる。そこから解放される安心感にはまってしまうらしいです。リスクが高いほど、**脳内麻薬**が多く出る。パチンコの分析をしてわかったことは、彼らは合理的な判断ができないから、パチンコ屋の前に朝から並んでいるのではないということです。もちろんそういう奴もいますが、もう少し物理的な脳の構造の問題が影響している。

脳内麻薬
モルヒネなどの麻薬と似た鎮痛作用を示す物質で、自然な状態で脳内に分布しているもの。代表的な物質にエンドルフィンなどがある。

呉　俺の体験から言えば、「俺が世界の機密を握っている」という高揚感だと思う。つまり、自分と原理が一体化しているというさ。別の言い方をすれば、「幸福の女神が私に微笑《ほほえ》んでくれている」というさ。適菜君が言った「愚者は経験に学ぶ」というのは、たぶん深い意味があるわけではなくて、「愚者は失敗して初めてわかるよな」くらいの意味ではないかと思う。

適菜　そんな単純なことだったのか！

呉　断定はしかねるけどね（笑）。「歴史に学ぶ」というのは、人類が今まで積み重ねてきたいいことも悪いこともすべてを見るということ。賢者はそれを見て方向性を決める。ところが愚者は自分が懲《こ》りないとわからない。自分が転ばないと転ぶということがわからない。

適菜　ドストエフスキーの『賭博者《とばくしゃ》』は、ある将軍家の家庭教師の若者が主人公ですが、ルーレット中毒になる。負けること

『賭博者』
一八六六年に発表された、ドストエフスキーの小説。ルーレット賭博により財産を失い、身を滅ぼしていく人々の姿を描いた。

を承知で突っこんでいく「ロシヤ人気質」をドストエフスキーは描いているわけですが、結局、わからない奴はいつまで経ってもわからないという話。最後は破滅してしまう。本質はヤク中と同じ。

呉　そうなんだよ。ドストエフスキーもルーレットにのめり込んだ。ドストエフスキーは常人と違って、あきらかに半分あっち側の人間だからさ。覚醒剤は自我が刺激されるので全能感を得ることができる。つまり自分は運命の神と結婚しているという感じになってくるわけ。ダウナー系の典型はアヘンで、これはボーッとして花園の中に自分がフワフワ浮いているみたいな感覚になる。だから、覚醒剤系のほうがギャンブルとは近いものがあると思う。アヘン系を止めるのは苦しいけど、覚醒剤はそれほど苦しくない。厚生労働省はそれを知っているけど、言えばみんながやるから言わないだけ。

適菜　じゃあこの話を公にしたら、みんな覚醒剤を始めちゃいますね。

呉　いや、ところがそこには続きがあって。肉体的には苦痛ではないけど、心理的に苦しくなるの。やってるときは全能感があって、止めるとそれがなくなるから落差がすごい。不安感や敗北感があって覚醒剤を始めるわけだから、余計に落差が大きい。止めたら人生が嫌で仕方がなくなる。

適菜　なるほど。不機嫌そうな人はたまにいますね。

呉　それで続けているうちに中毒がひどくなり、妄想が出てきて、最後は廃人になってしまう。

セックスと権力志向

呉　覚醒剤は、**催淫剤**でもあるんだよ。東南アジアの最底辺の

催淫剤
性欲を亢進させる薬剤のこと。本来的に、性機能障害の治療に用いられる。

悪場所には、覚醒剤で色情狂になっている女を斡旋《あっせん》するところもあるって言うね。覚醒剤がやめられない理由のひとつはそれもあるよね。人間だけは他の動物と違って頭脳でセックスをしている。つまり、自意識、自我の問題。覚醒剤は自我を刺激するから性欲が異様に高まる。浅草あたりの変な薬局でマムシやスッポンの粉を飲んでも、性欲が向上するわけがない。あれは単なる暗示効果だからね。

適菜　学生時代にインドに行ったんです。それで性の行《ぎょう》を積んでいるという**サドゥ**に会いに行ったら、「塗れば一晩中ベリーグッドになる秘薬がある」と言うんです。日本円で六百円くらいだったので少し高かったのですが、面白半分で買ってみた。それで日本に戻ってきて、なんかの拍子に某短大の女の子とラブホテルに行ったのですが、その薬が鞄に入っていて、「こういう薬をインドで買ったんだけど」と言って塗ってみたんで

サドゥ
ヒンドゥー教における、ヨガの実践者や修行者を総称する呼び名。家や財産を持たず放浪し、肉体的苦行を課すことから、日本語では「苦行僧」とも呼ばれる。

す。そしたら、見事に勃《た》たなくなった。要するに、ベリーグッドになるのではなくて、鈍くなる薬だった。

呉　いわゆる感覚鈍麻剤というやつだね。

適菜　早漏の人間ならいいけど遅漏なら逆効果。

呉　**救心**や**六神丸**もそれに使えるって言うよ。成分は二つともほとんど一緒で、蟾酥《せんそ》というガマの分泌物が入っている。ガマは身を守るために、イボから痺れ成分を出すが、それを塗ると長持ちする。しかし、早漏も遅漏も、皮膚感覚だけではなくて、頭の中で興奮するかどうかという問題が大きいのにね。「え、この女とヤルの？」と思った瞬間にダメになるというそれだけのこと。社会的に抑圧されてる人は性欲が強かったりする。自我の充足感がないので、性の方向に暴走する。性は自我や攻撃性に絡んでいて、欧米では性犯罪者を社会復帰させるときに勃起を抑える薬を出したりもする。しかし、あれは自我で

救心
救心製薬株式会社が展開する、生薬だけでつくられた強心剤。一九一三年に発売された。

六神丸
動物性の生薬を中心に配合された民間薬処方。日本での元祖は、一八九三年頃に清から輸入し、販売した亀田利三郎薬舗の商品であり、救心製薬株式会社も『虔脩ホリ六神丸R』として販売している。

やってるわけではないという反対論もある。ここらへんは難しいところだけど、社会対自分、世界対自分という構造を常に自我は持つから、攻撃性の問題が常に出てくるんだよね。

適菜 弱い奴ほど身を守るために攻撃性が強くなると。

呉 ただし、男は連続して射精できるわけではないから限界がある。女の場合、自我が全開になるとセックス中毒になる。成り上がりの人間は好色だったりするし。政治家の場合、子供の頃にイジメられたり、**プーチン**みたいに小柄だと強くなろうとして柔道や空手をやったりする。

適菜 プーチンはすぐ脱ぎますよね。政治学者の**ラスウェル**が小さい頃に抑圧を受けると、反動で権力を志向するようになると言っています。元は**フロイト**理論なんでしょうけど。

呉 見返してやりたいということだよね。

適菜 橋下徹の権力志向もすごい。

ウラジーミル・プーチン（一九五二〜）
ロシヤ連邦の政治家。現在、通算五期目ロシヤ連邦大統領を務める。元KGB（ソ連国家保安委員会）のスパイ。

ハロルド・ラスウェル（一九〇二〜一九七八）
アメリカの政治学者。実証的研究により政治行動を分析する「行動論主義」のパイオニア。政治学にフロイトの精神分析を応用し、ファシズムなどの研究に大きな影響を与えた。

ジークムント・フロイト（一八五六〜一九三九）
オーストリアの精神分析学者、精神科医。人間の精神構造を「意識」「前意識」「無意

呉　家が貧しくてラグビーをやっていた。推薦でどこかの大学に行くことができたんだけど、早稲田を受けたんだよね。

適菜　アレはセックス依存症でしょう。子供が七人もいて、奥さんが妊娠中に**コスプレ不倫**をしている。

呉　七人もいるから家族主義的なお父さんと勘違いされるけど、ただの性欲過多みたいだね。戦前なら全然珍しくないけど。

適菜　たまにテレビで大家族の番組をやっている。その家庭のお父さんはやはり特殊な人なんですよね。橋下は府知事になって、市長になって、ついに完全におかしな人になった。

呉　**メルヴィル**の『**白鯨**《はくげい》』は面白い。「抹香《まっこう》臭い」という言葉があるけど、マッコウクジラの腸内に龍涎香《りゅうぜんこう》という腫瘍みたいなものができて、その分泌物の臭いが抹香に似ているんだよね。一九世紀までヨーロッパ人は、そのほんのひとかたまりの

識」の三層に分類。「自我（エゴ）」「エス（イド）」「超自我（スーパーエゴ）」の相互作用による心理のメカニズムを説いた。

コスプレ不倫
二〇一二年七月に『週刊文春』が報じた、橋下徹の不倫問題。〇六年に不倫関係にあったというクラブホステスが「スチュワーデス姿の私を抱いた」と証言。橋下は記事の内容を大筋認めた。

「抹香」のためにクジラを獲って、それがひとかたまりの金に匹敵していた。それは彼らはクジラの精液だと思ってたんだよ。つまり精液はエネルギーのかたまりだから、それが脳に上がってくるのが「抹香」であると。

適菜　じゃあ橋下の頭の中には「抹香」が詰まっていると。

呉　そうかもしれない。死んだら解剖しないと（笑）。昔の宇《う》野《の》宗佑《そうすけ》もそうだけど、責任ある地位に就くと、自我が高揚して性欲が収まらなくなる。それを処理する方法として愛人や妾《めかけ》や芸者がいるわけだけど、うまくやらないと暴露されるね。橋下はコスプレ不倫の言い訳をどうやったの？

適菜　開き直って、「娘に制服を着ろって言えなくなった」って言ったんですよ。

呉　それはダメだね。「コスプレ道を極めます」「コスプレはクールジャパンの象徴」ぐらい言わないとさ（笑）。大衆操作と

ハーマン・メルヴィル（一八一九～一八九一）
アメリカの作家。一八四一年に捕鯨船に乗り組み、四四年にイギリスの軍艦で帰国するまで、南太平洋の島々を放浪。この経験から、海洋小説を多く残している。

『白鯨』
メルヴィルによる長編小説。かつて白鯨モビーディックに片脚を噛みちぎられ、復讐を誓う捕鯨船の船長エイハブ。その航海と行く末を乗組員の

しては賢くないよね。

適菜　別にコスプレでもなんでもいいんですよ。そんなの個人の自由ですから。問題はコスプレ気分で政治をやり、同盟国の軍隊に買春を勧めたりすることです。橋下は平気な顔で嘘をつきますよね。脳科学によるアプローチも必要なのかもしれません。

革マル・天理教・中島みゆき

適菜　早稲田大学は総長が**奥島孝康**《おくしまたかやす》のときに**革マル**を追い出したんですよ。早稲田祭が革マルの資金源になっていたので。私が大学に入った頃は結構革マルはいましたね。知り合いに**ノンセクト**の活動家がいて、あるとき、革マルからハイキングの誘いがあったとのこと。左翼低調の時代なので、ノンセクトと革

視点で描いた。

宇野宗佑（一九二二〜一九九八）
自民党の政治家。第七十五代内閣総理大臣。就任三日後に女性スキャンダルが報じられ、その後、参院選で大敗した責任を取り、わずか六十九日で退任。

奥島孝康（一九三九〜二〇二四）
法学者。早稲田大学名誉教授。一九九四年から二〇〇二年まで、早稲田大学で総長を務める。早稲田が革マル派の拠点になっていることを問題視し、法学部長の時代から十二年にわたり追放活動を指揮した。

マルで仲良くしようと。それで高尾山《たかおさん》に行ったらしいんです。それがすごい陰惨なハイキングで。

呉　わはは。過激派が山へ行って陰惨って、そりゃ、連合赤軍じゃないか。

適菜　麓《ふもと》で工事をやっていて、一部が禿山《はげやま》になっていたらしいのですが、革マルの学生が「皆さん、見てください。ここにも資本主義の暴力が」といちいち立ち止まる。自民党のポスターがあったらそこでストップして、「反動勢力が」とケチをつける。非常に楽しくないハイキングだったそうです。それで山を登りながら、みんなで中島《なかじま》みゆきの曲を唄いだしたのですが、下手すぎて何を唄っているかわからない。ノンセクトの彼は、歌詞を聞き取って途中から中島みゆきを唄っていることに気づいたらしい。

呉　ほとんど朗読に近いような。あるいはアジ演説とか（笑）。

革マル
新左翼党派「革命的共産主義者同盟革命的マルクス主義派」のこと。学生組織として「日本マルクス主義学生同盟・革命的マルクス主義派」がある。公安調査庁は極左暴力集団と位置づけている。

ノンセクト
全共闘時代以降に成立した、既存の党派に属さない活動家あるいはグループのこと。

高尾山
東京都八王子市にある山。七四四年の開山に際して高尾山薬王院が創建され、以降、修験道の霊山とされてきた。標高は五百九十九メートル。

適菜　その革マルに言わせると、中島みゆきは商業主義ではないらしい。あのジメジメした感じが合うのかな。フラれた女の恨み節みたいな。彼らもある意味、世間からフラれたわけじゃないですか。

呉　バカはバカなりに、彼女の歌には商売ではない何かがあると直感しているところがあるんだよ。中島みゆきは、昭和二十七年の早生まれだから、俺より五学年下なんだよね。

適菜　ヤマハのポプコンでグランプリを取ったのは「時代」ですか？

呉　「時代」だね。「アザミ嬢のララバイ」が最初にシングルでリリースされて、次が「時代」だった。俺も最初、どうしてこんなにすごいのかとわからなくて、ベースに何かあるなと。それは天理教なんだよ。

適菜　天理教と革マルは関係あるんですか？

中島みゆき（一九五二〜）
北海道出身のシンガーソングライター。一九七五年にデビュー。

呉　なんの関係もないよ（笑）。つまり超越的な何かがあるかどうかの問題さ。マルクス主義は救済思想だから、自分たちの求道者精神と一致すると感じるのではないかな。そんな共振力まで発揮するところが中島みゆきの天才たるゆえんだね。

適菜　なるほど。『**おかえりなさい**』というセルフカバーのアルバムがありますが、あれも意味深ですね。「おかえりなさい」は天理教のフレーズでもある。

呉　俺たちの頃の革マルは、狂信的で内ゲバもあった。革マル、**中核**、**反帝学評**、**民青**の中にも、いくらかはものを考えている奴はいたけど、七〇年頃から死者が出てくる。警察に爆弾投げ込むのは、善し悪しは別として理屈としては成り立つ。でも、対立党派のアジトを襲って、鉄パイプで滅多《めった》打ちにしても、世界革命には行き着かないわけだよ。そういう奴らは、党派の論理以外の自己をつくってこなかったので、内ゲバを繰り

『おかえりなさい』
一九七九年に発表された中島みゆきの初めてのセルフ・カバー集。研ナオコ、桜田淳子、加藤登紀子などに提供した自作の楽曲を歌い上げた作品。

中核
新左翼党派、「革命的共産主義者同盟全国委員会」のこと。「反帝国主義・反スターリン主義」を掲げ、一九八〇年代から九〇年代にかけて多くのテロ事件を起こしている過激派。

返すうち、悩んで三十四、五歳になって追い詰められて自殺する。警察が革マルに「おまえんところの誰それが殺されているぞ」と電話しても「うちは知らない」「権力の謀略で殺された」とか変な言い訳をするわけ。つまり、同志にまで完全に見捨てられて死んでいく。連合赤軍事件も同じこと。殺された奴も自分がなぜ殺されなければいけないかわからない。警官隊と撃ち合いをした**浅間《あさま》山荘《さんそう》事件《じけん》**の場合は、善し悪しは別として理解できる。警官隊と戦えば次は自衛隊が来る。自衛隊を倒せば、今度は米軍が来る。そうすると帝国主義が倒れるという遠大な理論だけど理屈としては整合性がある。でも、仲間を殺しても革命は来ないよね。

適菜　ルサンチマンの行き先が身近なところに向かうわけですね。そうなると、敵はなんでもよくなる。後輩をいじめたり。左翼のやっていることは神学論争だと呉先生は書かれていまし

反帝学評
全国反帝学生評議会連合。新左翼党派のひとつ。一九六六年に長崎大学の学生会館を占拠した。

民青
日本民主青年同盟。日本共産党系の青年組織であり、一九二三年設立の日本共産青年同盟を前身とする。

浅間山荘事件
一九七二年二月、長野県の軽井沢町にある保養所「浅間山荘」において、連合赤軍が人質をとって立てこもった事件。赤軍は警察隊と十日間にわたって銃撃戦を展開し、警察庁の警部と警視の二人、民間人一人の死亡者を出した。

たが。

呉　そう。神学論争なんだよ。いつ来るかわからない至福千年のために戦っているんだから。

適菜　その千年王国論の構造という点で、キリスト教と左翼がつながるわけですね。

田中角栄の学歴詐称

適菜　キリスト教には、貧しい者こそ幸いだ、貧しい者こそ選ばれた者だ、という発想がある。貧困が革命の原動になることがわかっているわけですね。そこで思い出すんだけど、**田中角栄**《たなかかくえい》は本当はきちんとした教育を受けているんですね。

呉　周りが勝手に**尋常小学校**卒と言うけど、それを否定しないんだよ。それが広まったほうが得だからさ。その環境からのし

田中角栄（一九一八～一九九三）
自民党の政治家。第六十四・六十五代内閣総理大臣。首相として日中国交正常化を行い、著書『日本列島改造論』がベストセラーに。ロッキード事件で逮捕された。

尋常小学校
第二次世界大戦勃発前までの時代に存在した初等教育機関。一八八六年の小学校令により、小学校が修業年数四年の「尋常小学校」、さらに四年の「高等小学校」に分けられ、前者が義務教育期間とされた。

上がったというドラマが強調される。そういう人心掌握術には天才的なものがあったね。

適菜　自分の高学歴を恥じる左翼がいるでしょう。

呉　一九六〇年代あたりに、「自分一人がよくなったら悪い」みたいなことを言わないと周りが納得しないような感覚があった。小学校で正しいことを言うと「いい子ぶってる」と言われるのと同じ。

適菜　もっとこじらせると、大学を中退して労働者の中に入っていくのが正しいという「ヴ・ナロード」みたいな奴がいた。

呉　そんなことやっても労働運動なんか成功するはずない。それと自分の本気度をみんなに誇示したいところがあったんだろうね。**釜ケ崎**《かまがさき》を束ねていた奴がいて、その世界ではちょっとしたカリスマだったんだけど、**永田洋子**《ながたひろこ》が連合赤軍事件の後に手記で、釜ヶ崎共闘のときにそいつに強姦されたと書いた。それ

釜ヶ崎　大阪市西成区を中心とする地域名称。現在の「あいりん地区」の通称でもある。一九六一年以降、日雇い労働者が度々暴動を起こしている。

永田洋子（一九四五〜二〇一一）新左翼活動家。連合赤軍中央委員会副委員長を務めた。上赤塚交番襲撃事件、印旛沼事件、真岡鉄砲店襲撃事件などに関与し、死刑判決を受けた。脳腫瘍のため獄中死した。

野坂昭如（一九三〇〜二〇一五）作家、歌手。一九六七年に『アメリカひじき』『火垂るの墓』で直木賞を受賞。野末陳

まで自分は何も知らないガリ勉少女だったけど、尊敬していた男に強姦されたと。永田の告発以降、彼は総スカンを食った。「おまえが永田洋子を強姦したのか！」と。いくらなんでも永田洋子をって。おまえの美意識はどうなってるんだって。

適菜　ははは。逆にその釜ヶ崎のおじさんは尊敬に値しますね。**野坂昭如**《のさかあきゆき》の「早稲田大学仏文科中退」は逆偽装で本当は卒業しているという都市伝説がある。

呉　俺もウケ狙いで十年ぐらい前にそれをやろうとしたの。工業高校を受けて、でも三年間通うのは面倒だから、中退にしようかなと。そうすれば「愛知第一工業高校中退」とかいうカッコいい学歴が手に入る。沖仲仕《おきなかし》の哲学者**エリック・ホッファー**みたいじゃないの。大卒者が高校受験の願書を出しても法的には問題ないらしい。でも教育学をやっている友人が、「おまえの場合はダメだ。願書出しても高校が受け付けない。大卒の評

平と漫才をする際のコンビ名は「ワセダ中退・落第」だった。

エリック・ホッファー（一九〇二～一九八三）
アメリカの独学の社会哲学者。正規の学校教育を受けず、六十五歳まで沖仲仕（港湾労働者）として働いていた。

論家が工業高校に来るということは、学生を煽って学生運動でも起こすつもりかと思われる」と。そんなつもりはないんだけどね（笑）。

適菜　私は最近苔《こけ》がすごく好きなんです。

呉　ほう、おじさんぽくなってきたね。

適菜　苔の勉強をきちんとしたいなと思って。今さら大学に入る学力もないんで、大学院なら入りやすいかなと。「大学院で苔の研究しました」という経歴がほしいだけですけど。

呉　それはそれで渋い学歴だよ。まあ、東大の農学部だと最初から教授を目指して入る奴がいるから難しいけど、農工大とかさ。

適菜　カネがないから国立のレベルが低いところがいいんですよ。

呉　苔の研究にレベルもへったくれもないじゃん。

適菜　でも一応入試みたいなのがあるんでしょうね。理系だから数学も必要ですか。歳をとると、石とか水とか植物とか、そういう本質的なものに興味が移る気がするんです。

呉　俺は中学・高校は地学部に入っていた。俺の中学に中部地方で地学研究の一、二を争う有名な先生がいて、話が面白かったからみんながファンになった。休みの日に先生が化石採集や鉱物採集や地層観察に連れて行ってくれたり。

適菜　ゲーテはナポリから船に乗ってシチリアに行ったんですけど、到着すると最初に石を見るんですね。次に植物の分析をやる。ギリシャ時代にコンクリートはないわけで、ローマ時代に建築のあり方自体が変わる。その詳細を見ていく。**開高健**《かいこうたけし》は若い頃ずっとウイスキーを飲んでいて、歳をとるとウォッカやジンになり、最後は水に行き着いた。その感覚はよくわかります。

開高健（一九三〇〜一九八九）小説家。大阪市立大学卒業後、壽屋（現サントリー）宣伝部に入り、ウイスキーのキャッチコピーを手がける。一九五八年、『裸の王様』で芥川賞を受賞。著書に『輝ける闇』『夏の闇』など。

呉　ゲーテは博学で、自然科学、光学、形態学もやっている。だから、石や地層に彼が興味を持つのはおかしくない。当時の知識人は、天地から人間から法律からすべてを網羅するものという意識があったんだね。開高健は、**壽屋**《ことぶきや》にいたから、そこのいい面も見ているけど、同時に「サントリーってそんなにいいの?」という気持ちもあったと思う。**ニッカ**の**竹鶴**と**鳥井**が分かれた経緯を何かの本で読んだけど、竹鶴は本格的なウイスキーをつくろうと思って手間暇を惜しまない。ところがサントリーは「これぐらいでいい」というところがあり、それで分かれたらしい。俺はそんなに量は飲まないけどニッカのほうが美味いと思う。最近サントリーも国際的な賞を取るようないいウイスキーを出しているけど、下の価格帯のものはニッカのほうが美味いよ。

適菜　ダルマはまずいですね。

壽屋
サントリー株式会社の旧社名。一八九九年に創業した葡萄酒製造販売店・鳥井商店を母体として、一九二一年に設立。二九年にウイスキー「サントリー」を発売し、六三年に商号サントリーと改めた。

ニッカ
ニッカウヰスキー株式会社。壽屋でウイスキー製造を行っていた竹鶴政孝が独立し、一九三四年に北海道で創業。主にウイスキーやブランデーを展開。二〇〇一年、アサヒビール株式会社（現・アサヒグループホールディングス）の完全子会社となった。

呉　昔は金持ちは**ジョニ黒**を飲んでたんだよ。ジョニ黒は終戦直後から一九七〇年代ぐらいまで一本一万円だった。俺の高校時代はサラリーマンの初任給が一万五千円くらい。だから、ジョニ黒は今でいうと一本十五万円くらいだね。ところが七〇年代に一ドル三百六十円の為替レートが、三百円になり、さらに二百五十円になり、輸入方式が自由になった。そしたら競争でどんどん値下がりし、最近ではスーパーで二千五百円くらいでしょう。

適菜　ジョニ黒は昔は調度品みたいな感じでしたものね。応接間のサイドボードに飾ったり。

呉　学生はバイトしても黒は買えないから**ジョニ赤**でさ。ジョニ赤が下宿にあると「おまえジョニ赤飲んでるのか！」と羨《うらや》ましがられたりね。ジョニ赤は五千円だったけど、昨今は千五百円もしない。あの頃の五千円は、今の六万、七万円だから、み

竹鶴政孝（一八九四～一九七九）
ニッカウヰスキー創業者。スコットランドに留学してウイスキー製造を学んだ経験を買われ、鳥井信治郎の誘いで壽屋へ。大阪府島本村（現・島本町）の山崎蒸溜所で日本初の本格スコッチウイスキーの製造を主導。品質へのこだわりから独立したとされる。

鳥井信治郎（一八七九～一九六二）
現サントリー株式会社の創業者。一八九九年に鳥井商店を創業し、ポートワインを中心に洋酒を販売するが、ウイスキーを生産するため前出の竹鶴政孝を招き、山崎蒸溜所を開いた。竹鶴の独立後、一九三七年に現サントリー角瓶を

んな何にカネ使っていたんだよという話。十五万円の酒とか無茶苦茶だよ。
適菜　でもその時代の象徴というか……。
呉　象徴にしても高すぎる。だって今二千五百円で買えるものが十五万円だったんだよ。
適菜　当時二億円くらいしたコンピューターが、今は十万円ぐらいで買えるわけじゃないですか。
呉　あれは量産によって安くなってるだけでさ。技術革新がある。でも、ジョニ黒は中身が同じなんだから。あのカネはどこに消えたのか。莫大なカネが消えてるはずだよ。壽屋や**明治屋**が吸い取っていたんだよ。ほとんど丸々搾取じゃん。十五万円のものが二千五百円なら全額搾取みたいなものでしょ。
適菜　ジョニ黒も量産されている可能性はないですか。シングルモルトをあちこちから買い集めてブレンドするわけだから、

発売し、ウイスキー事業を軌道に乗せた。

ジョニ黒
スコッチウイスキーの世界的ブランド「ジョニー・ウォーカー」の黒ラベル。十二年以上熟成される。

ジョニ赤
スコッチウイスキーの世界的ブランド「ジョニー・ウォーカー」の赤ラベル。黒ラベルと比較すると安価である。

明治屋
株式会社明治屋は東京都中央区京橋に本社を置く、食料品・和洋酒類の小売・輸出入、船舶に対する納入業を営む小売業者。一八八五年に磯野計が横浜で創業。東京都を

いくらでもいい加減につくることができる。酒税法の改正もあったし。

呉　でも不思議なことに**オールドパー**はそんなに下がってないんだ。昔はジョニ黒とほとんど同じで一万円ぐらいだったけど、オールドパーは今でも七千円くらい。今の金額に換算すればやはり十五万円だったわけだから、これでも安くはなっているけど、ジョニ黒ほどではない。

適菜　ワインの場合、いいものはみんな買い集めるから希少になって値段が上がるわけですよね。その原理がブレンドウイスキーの場合働かない。

呉　日本酒の場合、戦後すぐ三倍増醸酒といって原酒にアルコールや糖類を添加して水を入れて二倍、三倍にしたものが売られた。戦中戦後のそういう商売と同じだね。

中心に展開する小売店の明治屋ストアーを経営する。

オールドパー
イギリスの酒造メーカー、ディアジオの子会社マクドナルド・グリンリースが製造するスコッチウイスキーのブレンデッド・ウイスキーの銘柄。一八七三年に岩倉具視の欧米使節団が持ち帰ったウイスキーで、明治天皇に献上されたといわれる。

第五章
「保守」とは何か？

民主制と共和制の違いとは

呉　日本ではこれだけ政党が乱立しながら、どれも似た政党名ばかりで、名前だけでは区別もできない。それでも**共和党**とはどこも名乗らない。これを名乗るのはまずいという感覚があるからだね。この場合の共和党とは、世襲制の元首が存在しないということ。だから日本で共和党を名乗れば、おまえは天皇を否定するのかと右翼が騒ぎ出す。アメリカの場合、もともと世襲の権力者は存在しないから、アメリカにおいては**民主制**と**共和制**は、事実上一緒のはずなんだ。にもかかわらずなぜ二つに分かれているかというと、共和制はものがわかった人たちが集まって合議で政治を進めていくという思想で、民主制はすべての人が集まる、という違いなんだ。歴史的ないきさつで、なん

共和党
アメリカを始め、多くの国で見られる政党名。世襲の元首や君主が存在する場合、そうした制度の廃止論者の集団を意味する。アメリカでは保守主義の中道右派政党であり、リベラルの民主党と二大政党制を構成している。

民主制
国民全体が政治に参加し、多数者により国を支配する体制。

となく民主党対共和党になっているだけで、本来の理念はあまり違わない。

適菜 アメリカでは民主党も共和党も広義の枠組みは一緒ですからね。

呉 俺は共和制はポピュリズムを否定していると思う。ローマの場合は、帝政でも、日本の天皇制や王制と違い世襲ではない。血縁があってもなくても、皇帝になったりしている。日本の天皇の場合は血縁の問題が出てくるけど。それに、日本の天皇制は、明治になってから成立したものでしょう。俺は「天皇制を論じるときに左翼と右翼は同じ立脚点である」と言っているんだ。つまり右翼は「日本は昔から天皇様がいらっしゃる素晴らしい国だ」と言い、左翼は「日本は昔から天皇が人民を抑圧する国だ」と言っている。認識の構造は同じだね。でも、俺が言いたいのは、そんなに昔から日本は天皇によって一貫して

共和制
世襲による君主制に対し、国家元首を国民から選ぶ体制。

人民が統治されてきたのかという話だ。幕末になって**国学**思想がさかんになると、**寛政《かんせい》の三奇人**のうちの一人、**高山彦九郎《たかやまひこくろう》**が出てくる。高山の銅像は、今でも京都の三条駅から御所の方角を見て、伏し拝んで涙を流している。高山は、天皇家がこんなに衰退して、しかも衰退したにもかかわらず、民衆がそれをまったく知らない。それは嘆かわしい、私がいつかはまた天皇陛下を守り立てますと言って泣いているわけだ。ということは一般人は、天皇制についてそんなに深い意味を感じずに毎日生活していた。

適菜　江戸時代の意識では統治者は将軍家なのか……。

呉　幕末に来日したイギリスの**オールコック**が『大君《タイクン》の都』を書いているけど、この「大君」って徳川将軍、「都」は江戸だからね。天皇家はあったけど、将軍家を見て民衆は動いているわけだよ。結局、今われわれが天皇制と考えているのは、明治

国学
江戸時代中期に勃興した古典研究の学問。『古事記』『万葉集』などの古典から、日本文化の固有性を究明しようと試みられた。幕末の尊王論につながる。

寛政の三奇人
「奇人」とは「優れた人」の意味。経世論家の林子平、尊王思想家の高山彦九郎、儒学者の蒲生君平を指す。

高山彦九郎（一七四七〜一七九三）
江戸時代中期〜後期の尊皇思想家。十八歳にして置き手紙を残し、諸国を遊歴して勤王論を唱えた。幕府に行動を監視され、一七九三年に自刃。

のときに基盤が確立されているんだよね。同時に近代における大衆熱狂のときに、天皇家が中心になっていくという構造をもっているわけでしょ。

適菜　そうですね。外圧により急速に日本を近代国家につくり変える際、統合原理として天皇を利用した。万世一系というフィクションです。「公定ナショナリズム」という概念は、イギリスの歴史学者・政治学者であるヒュー・シートン＝ワトソンが「意図的な構築」といった意味合いでつくったものですが、ベネディクト・アンダーソンは帝政ロシヤを説明するために使いました。新しい国民的原理と古い王朝原理を無理やりつなぎ合わせるやり方です。アンダーソンはこれは日本にも当てはまると考えました。

呉　天皇が国民を統合する上ですごい力を持っていたのは侮《あなど》れない事実としてあるわけです。東日本大震災のときも、菅直人《かんなおと》

ラザフォード・オールコック（一八〇九〜一八九七）医師、イギリスの外交官。一八五九年に初代駐日総領事として赴任。六四年に母国イギリスとフランス、アメリカ、オランダの四国連合艦隊による下関遠征を主導したことで、本国への帰還が命じられた。

菅直人（一九四六〜）政治家。第九十四代内閣総理大臣。市民運動を経て、一九八〇年に政界入り。一九九六年、民主党結成に参加し、二〇一〇年六月に鳩山由紀夫の後を受ける形で首相となった。

が被災地に行けば「早く帰れ」と言われるけど、陛下ご夫妻が行くと、ありがたがる。そういうふうに民衆に対する非常に強い統合シンボルなんだね。左翼がダメだったのは、その対抗概念を出し得なかったことでしょう。一種の千年王国的熱狂みたいなものを保証するカリスマ性を持ってる人、あるいはカリスマを演出して成功したのが、ロシヤ革命や支那革命なんだよね。日本の場合、それを出さないから天皇制に負けてしまう。たとえば支那では**袁世凱**《えんせいがい》や清朝《しんちょう》の末裔《まつえい》の**愛新覚羅溥儀**《あいしんかくらふぎ》は、毛沢東や**朱徳**《しゅとく》に負けてしまう。ロシヤ革命でも、レーニンの吸引力のほうが**ニコライ**より強かった。だから、人間は思想やイデオロギーとか言っても、ほとんどサルの群れと変わらないということになる。サルのボスは、強かったり、カッコよかったり、威厳がある。だから、大勢がついていく。

適菜　天皇は位置づけとしては神になるわけです。毛沢東は人

袁世凱（一八五九〜一九一六）中国の軍人、政治家。辛亥革命において清朝の実権を握り、中華民国臨時大総統に。一九一三年に中華民国初代大総統となり、自身の権限を強化した。

愛新覚羅溥儀（一九〇六〜一九六七）清朝最後の皇帝、満洲国皇

為的に神格化されただけあって、天皇になることはできない。日本の神は、キリスト教の神と違って、現世から切り離されたものではありません。絶対的な存在でさえない。神とは民族の美意識や歴史を投影させた場所のことであり、そこに天皇が座っているという話です。つまり、それは人間という姿の天皇でなくてもいいわけです。

自称「保守」の暴走

適菜　**近代啓蒙主義**の理想に対して、少し距離を置きましょうというのが保守主義です。でも、わが国においては保守の形がかなり歪んできた。冷戦構造下において、単なる親米派や反共主義者が保守と呼ばれたり、国家主義者、民族主義者、ただ声がでかい奴とか、いろいろなものをまとめて保守と称してき

帝。三歳で清の皇帝に即位し、辛亥革命により一九一二年に退位。三二年に満洲国の執政、三四年に同国皇帝となる。四五年、日本の敗戦により退位しソ連に抑留。五九年に特赦で釈放されるまで、中国撫順戦犯管理所に収容された。

朱徳（一八八六〜一九七六）中華民国・中華人民共和国の軍人、革命家。一九二七年に南昌暴動に参加し、翌二八年に毛沢東と合流。中国人民解放軍創設者のひとりとなり、その後の革命に貢献した。中華人民共和国の成立後は、国家副主席、中央委員会副主席などを歴任。

た。でも、シンプルに定義すれば保守とは常識人のことです。普通のことを普通にやりましょう、急進的にものごとを変えると取り返しのつかないことになるので慎重にやりましょう。過去の歴史にも学びましょうというのが保守ですよね。でも、わが国には近代啓蒙思想にかぶれた自称「保守」が大勢いる。だから、いわゆる「保守」が革命、改革と騒ぎ出すわけです。エドマンド・バークを愛読しているという某「保守論客」が橋下を絶賛していましたが、こうした間抜けな現象が発生する。

呉　親米かどうかは思想というよりむしろ政策、外交政策の問題なんだよね。技術的というか。保守であるか革新であるかとは本来関係ない。

適菜　国家に対しても、本来の保守は警戒する姿勢を崩さなかったわけです。近代国家は非階層的なものであるから、伝統的な共同体とは相容れない。近代国家は伝統的なものすべてを破

ニコライ二世（一八六八～一九一八）
最後のロシヤ皇帝。一八九四年に即位し、日露戦争、第一次世界大戦などで指揮をとる。専制政治を強め、革命勢力の弾圧を徹底したことがロシヤ革命につながり、一九一八年にエカテリンブルクで銃殺された。

近代啓蒙主義
不合理な考えを廃し、人間理性を重視する考え方の潮流。一七世紀～一八世紀にかけてヨーロッパを覆った思想で、フランス革命に影響を与えたとされる。

壊する傾向を持つ。でも、日本ではなぜか「国家主義＝保守」みたいな文脈になってしまう。

呉　フランスという国は二百年前まではなかった。フランスを名乗る地域はあり、他にも公爵領や選帝侯領の類《たぐい》もたくさんあって、それが現在のフランスの版図《はんと》になっているけど、イコールではない。つまり、フランスおよびフランス人というネイションが成立したのは近代になってからのこと。

適菜　そうですね。ヨーロッパのナショナリズムはナポレオン帝国主義への反発という形で出てきています。ここもかなり誤解されているポイントで、ナショナリズムが暴走すると帝国主義になると言う左翼も多い。頭が混乱しているんです。

呉　それはそのとおりだね。曖昧なまま通俗的な議論が進んでいる。

適菜　原口一博《はらぐちかずひろ》って民主党の議員が学生時代にハンナ・アレン

原口一博（一九五九〜）政治家。松下政経塾から佐賀県会議員を経て、新進党公認で出馬した一九九六年の衆議院議員総選挙で初当選。二期目は民主党から出馬・当選し、鳩山内閣、菅内閣で総務相を担当した。

トを読み込んだと言っている。でも、ほとんど理解していない。たとえば原口は、中国は近代的な国民国家に生まれ変わろうとしており、「帝国主義を志向する段階でナショナリズムを強く訴えるようになる」と言う。アレントが言っていることは逆なんですよ。帝国は国民国家のルールではなく、普遍的な法を必要とする。だから、帝国化の段階ではナショナリズムを抑えつけると。日本だって、アジアの解放を訴えて戦争をやったときは、五族協和やグローバリズムを唱えた。

呉　小熊英二《おぐまえいじ》が『単一民族神話の起源』に書いてるように、日本は複数民族の国だと言われたのは戦前なんだよ。これは当たり前で、単一民族ではなくて複数民族だということを強調することが、大東亜共栄圏の思想的基盤になるわけだから。在日朝鮮人だって「自分たちの権利を認めろ」と言っているだけで、「自分たちのネイションをつくりたい」と言っているわけでは

小熊英二（一九六二〜）社会学者。歴史社会学、相関社会科学を専門とし、一九九六年に『単一民族神話の起源』でサントリー学芸賞社会・風俗部門を受賞。著書に『〈民主〉と〈愛国〉』など。

ないから、日本は単一民族なんだよね。その中で、権利やエスニックとしてのアイデンティティの保障を求めてるだけだから。

適菜　今の話をまとめると、ナショナリストであることと保守であることは別の次元の話であり、近代に依拠するのか伝統に依拠するのかで意味合いが変わってくる。本当の保守は野放図な自由主義をも否定する。

呉　革命歌の『**インターナショナル**』は、ロシヤ語では『インチェルナツィオナール』という。「国際」は「メージドゥナロードヌイ」。「メージドゥ」は、間をつなぐという意味だけど、そこでは「ナロード」という言葉も出てくる。ナショナリズムも、ネイションを守るという意味でのナショナリズムなのか、もっと深い文化や伝統を守るという意味で使っているのかでは意味が違ってくるよね。

「インターナショナル」
革命歌。作詞者は一八七一年のパリ・コミューンに参加した労働者詩人、ウジェーヌ・ポティエ。作曲は一八八八年、アマチュア作曲家のピエール・ドジェイテールが手がけたとされる。かつてソビエト連邦の国歌でもあった。

本居宣長と八百万の神

呉　これは知り合いの歴史学者に聞いた話で、よく納得できないままなんだけど、日本における右翼とヨーロッパにおける右翼の違いは何かと聞いてみた。彼が言うには、日本の場合は天皇を軸にしているけど、ヨーロッパの場合はギリシャ・ローマ世界を一種の理想形と考える。そこに何か素晴らしいものがあって、それをわれわれが再現しているという考え方が右翼であると。神聖ローマ帝国も考えてみれば変な話で、あれはローマとは関係ないわけでしょう。ヨーロッパ中部にあるわけで。ヒットラーも第三帝国とか第四帝国と言うけど、その原型に当たるのはギリシャ・ローマ世界であると。

適菜　**ムッソリーニ**も典型ですね。社会主義者の**ファシスト**で

ベニート・ムッソリーニ（一八八三～一九四五）イタリアの政治家。第一次大戦後、国家ファシスト党を結成し、一九二二年に独裁体制を築く。三九年にアルバニア王国を併合、ドイツ・ナチス政権と軍事同盟を締結し、第二次大戦に突入。四三年にクーデターにより失脚し、ナチスの助けで北イタリアに共和国を建国するが、四五年にパルチザンにより銃殺された。

すが、統合原理として**ローマ**を持ち出す。

呉　日本の右翼の場合、それが天皇制という形になる。

適菜　でもヨーロッパで天皇に位置するのは神ですよね。

呉　それはほとんど意味は同じだと思う。聖書だってヘレニズム全体の共通言語であるギリシャ語で書かれてるわけだから、文化としてのギリシャが根本にあるわけだよね。日本の場合、その故郷に当たるものが天皇であると。

適菜　天皇に日本の原型が含まれているということですね。

呉　というふうに右翼は言うんだよ。でも俺はそれについては相当に疑問があってさ。

適菜　歴史的実体としての皇室と、それがどういう位置に奉られているかという問題は別に考えたほうがいいと思います。

呉　その議論で言うと、皇室がそういう位置に置かれたのは基本的には明治になってからだから、それほど古くない。

ファシスト
ファシズムの信奉者。全体主義的な政治体制を築き、反対勢力を弾圧する独裁者の総称として用いられる。

ローマ帝国
紀元前八世紀頃、イタリア半島にラテン人が築いた都市国家から始まり、欧州・地中海世界を支配した大帝国。

適菜　左翼はそういう言い方をします。天皇の物語が明治の政治権力によりつくられたと。その前には当然、江戸時代の復古神道がある。**賀茂真淵**《かものまぶち》や**本居宣長**《もとおりのりなが》、**平田篤胤**《ひらたあつたね》といった国学の人のやったことは、仏教や儒教によって歪められた神道のあり方を元に戻すことだった。当然、宗教はフィクションです。どのような民族にせよ、神が位置する場所は存在するわけですから、そこに天皇を置いたというだけの話ではないですか。

呉　そうだとしてもだよ、天皇が近代において有効に作用しうるかという問題が出てくる。その齟齬《そご》が大きくなっているんではないかな。

適菜　もしまともな右翼がいるとすれば、その齟齬があるからこそ天皇は守らなければいけないと思っているはずです。

呉　それは真正右翼のものすごく頭のいい人たちがそういう言い方をするわけで、本居宣長もほとんどそういう言い方に近い

賀茂真淵（一六九七〜一七六九）江戸時代の歌人、国学者。荷田春満、本居宣長、平田篤胤とともに国学四大人に数えられる。古典の研究を行い、日本の古代精神の重要性を解く復古主義を唱えた。著書に『万葉考』『歌意考』『国意考』など。

本居宣長（一七三〇〜一八〇一）江戸時代の国学者、医師。国学四大人の一人。医者として

よね。宣長にとっての神は、良いことも悪いことも人間を超えたものはすべて神であるという言い方をするわけだから。

適菜　**八百万《やおよろず》の神**ですからね。神の座る場所の位置づけが唯一神教とはまったく違う。宣長は『**古事記**』を分析して、「なる」「つぐ」という神道の本質を見出した。三島もそれはわかっていた。三島は明らかに皇室を、近代の暴走を防ぐ緩衝材として捉えています。国家が近代化すればするほど、個人の関係は失われていく。そこで人間関係は冷めきったものになってしまう。それで共同体内で共通にイメージされる愛の原理が必要であると。それを天皇という場所の問題として理解しているわけですね。

呉　三島は頭がいいからそれはわかっているけど、今は必ずしもそうではなくて。特に今は皇室論が皇位継承や女系天皇の問題でもめたりしている。でも、本当の皇室の伝統は、俺に言わ

開業する傍ら、賀茂真淵に入門。古典研究において多くの功績を残し、国学の土台を形成した。主著に『古事記伝』『源氏物語玉の小櫛』『玉勝間』など。

平田篤胤（一七七六〜一八四三）
江戸時代の国学者。国学四大人の一人。本居宣長没後に門下に入り、古典研究に邁進。儒教を批判し、古道学を説いた。著書に『古史伝』『霊能真柱』『古道大意』など。

八百万の神
神道における「神」の考え方。あらゆるものに神が宿っていると考えることから、「八百万＝無数の」という言葉で表されている。

せればクーデターなんだよ。**天照大御神**《あまてらすおおみかみ》の頃から弟が錯乱して悪さしたりさ。天照大御神はすねて天岩戸《あまのいわと》に入ってしまう。**天智**《てんぢ》**天皇**と**天武**《てんむ》**天皇**が非常に力を持った時代には、**壬申**《じんしん》**の乱**が起きた。天智天皇の没後、その子供か大海人皇子《おおあまのおうじ》（天武天皇）か、どちらが継《つ》ぐかで大モメになった。**折口信夫**《おりくちしのぶ》は、その確執を踏まえて『死者の書』を書いている。とにかく、皇室にはクーデターがつきまとっている。**後醍醐**《ごだいご》**天皇**の南北朝にまつわる**南北朝正閏論**《なんぼくちょうせいじゅんろん》もそう。

適菜　共同体がある以上、統一原理が必要になる。何度クーデターが発生しても同じことです。だから天皇を排除しても、別の神が座るだけ。ということは、天皇を世俗化したことが一番の間違いなんですよ。開かれた皇室とか、なんでもかんでも開けばいいというものではない。

呉　それは三島の理論だよね。

『古事記』
奈良時代に編纂された、日本最古の歴史書。七一二年、太朝臣安萬侶が元明天皇に献進したとされる。全三巻で構成され、上巻では神話が、中巻、下巻では神武天皇から始まる天皇を中心とした物語が記されている。

天照大御神
日本神話に登場する太陽の神で、皇室の祖神とされる。神話によれば、弟である須佐之男命の乱行を受けて天岩戸に閉じこもり、そのことで世界が闇に覆われ、世に多くの災いが訪れた。

天智天皇（六二六～六七二）
第三十八代天皇。藤原鎌足とともに蘇我氏を滅ぼし、大化

適菜　私もそう思いますけど。

呉　だけど、近代の流れにおいて、世俗化せざるを得ないという宿命があるわけだよ。

近代国家の中の皇室

呉　戦前から行われた議論で**天皇機関説**がある。戦前戦中には**蓑田胸喜**《みのだむねき》みたいな文字通り「きょうき（狂気）」の奴が出てきて、天皇機関説を唱える学者たちを追放したんだけど、近代国家においては天皇制は天皇機関説でしかありえないわけだよ。なぜかというと、大日本帝国憲法第一条で『大日本帝國ハ萬世一系ノ天皇之ヲ統治ス』と規定されている。国家統治のトップであろうと、現在のような象徴であろうと、天皇が憲法により規定されるのだから、国家機関になってしまうわけだよ。近代

の改新を行った。「中大兄皇子」として知られる。

天武天皇（生年不詳～六八六）
第四十代天皇。兄・天智天皇の没後、皇位をめぐり壬申の乱を起こして即位。氏姓制度を再編し、律令制を整備したことで知られる。

壬申の乱
六七二年、天智天皇の太子・大友皇子と皇弟、大海人皇子（天武天皇）との間に起こった皇位継承をめぐる争い。古代日本における最大の内乱となり、大海人皇子が勝利した。

国家は大きな力を持っている。近代以前は国家の形態を持ちつつも、地方の共同体があったり、商人は**ギルド**があったりして、全体がゆるい漠然とした統治機構だった。ところが近代国家はかっちりした統治機構だから、そこに天皇制を組み込むときは国家機関にせざるをえなくなる。

適菜　三島もそれを指摘していて、**明治憲法**は祭政一致により本質的な天皇の概念を犠牲にしたと。「文化概念としての天皇」が、「政治概念としての天皇制」に妨害されていると。その結果、皇室が大衆社会化の波に晒されるようになった。

呉　まして戦後になると、天皇制を弱めなければいけないという米軍の力もあった。それで天皇を民族統合の象徴という機関にしようと決めたわけ。

適菜　そこで皇室の意味合いを捻《ね》じ曲げた。

呉　でも近代国家の宿命としてそうせざるを得ない。近代国家

折口信夫（一八八七〜一九五三）民俗学者、国文学者、歌人。柳田國男に師事し、民俗学の礎を築く。一方で国文学にも通じ、歌人としては正岡子規の「根岸短歌会」や「アララギ」に参加。一九二四年、北原白秋らと『日光』を創刊した。

後醍醐天皇（一二八八〜一三三九）第九十六代天皇。鎌倉幕府の打倒を目指すが、一度は敗れて隠岐に流される。その後、足利尊氏らと倒幕に成功し、建武の新政を実行。しかし、足利尊氏が挙兵し、新政は二年で終わった。足利尊氏が光明天皇を擁立し北朝、室町幕府をひらき、南朝の初代天皇

はそれほど恐ろしいものだよ。
適菜　西欧の場合は、神の問題とどう折り合いをつけているのでしょう？
呉　二元構造で権力と権威だと言うよね。権威に当たるのは、最終的にはローマ教皇。アメリカの場合でも大統領が聖書に手を置いて宣誓する。権威は権力と別枠で置いてあるんだよね。
適菜　そうですよね。だとすれば天皇は権威として別枠で置けばいいという話になりませんか。
呉　そうすると、国家は国家意思として干渉してくる。皇室側も国家の中に基盤を持ちたくなるからさ。これは**靖国《やすくに》の問題**と同じで、戦没者を悼《いた》まなければいけないということには反対できないから、千鳥ケ淵《ちどりがふち》にあるような、戦没者慰霊施設をもっと大規模にして、靖国をやめてしまえというのが左翼の論理だよね。だけど戦没者霊園なんて多くの人が拝みもしないし、靖国

となった。

南北朝正閏論
日本の南北朝時代、南朝と北朝のどちらを正統とするかの論争。一九一一年、双方を対等に記述した国定教科書に対して「南朝を正統に」という圧力がかかる事件に発展した。

天皇機関説
大日本帝国憲法の解釈において、天皇が法人としての国家を代表し、統治権を行使する最高機関であるとする説。法学者の美濃部達吉らが唱えた。

蓑田胸喜（一八九四～一九四六）
右翼思想家。一九二五年に思

が定着しているから、日本人の心情として靖国を守れというのが右翼の論理。

適菜　「国家神道」というのもGHQ用語です。靖国の問題は、それこそ近代と戦後体制の問題と絡んでくる。

呉　ここで問題になるのは靖国は現在一宗教法人に過ぎないということ。だから国営化することができないという矛盾が出てくる。かつての靖国は国家の機関だったからよかったけど。だから、宗教法人という枠からはずせばいいという意見も出てくる。これは法的にも整合性がある。国家機関なのに神主が榊《さかき》をそなえたりするのはおかしいという意見もあるけど、これはアメリカと同じで、アメリカも脱宗教国家、世俗国家でありながら聖書の上に手を置いて宣誓する。原爆忌に広島で黙禱《もくとう》するのだって宗教行為ということに当然なってくる。霊の存在を認めない人たちの立場はどうなるんだと。ただし、広島の平和記念

想家の三井甲之とともに原理日本社を結成し、マルクス主義や自由主義を批判。「胸喜（むねき）」を「きょうき」と読み替えられるなど、狂信的な国家主義者として知られる。

ギルド
中世から近世にかけて、西欧の商工業者の間で結成された各種職業別の組合。互助的な組織として機能した。

明治憲法
大日本帝国憲法の通称。伊藤博文らが起草し、一八八九年に公布、一八九〇年に施行された。天皇主権を原理とし、七章七十六ヶ条から成る。

公園は宗教施設ではないわけだから、靖国も宗教法人でなくせば、宗教行為は許されるという論理は成り立つわけだよ。そこが最終的な落としどころになると思う。

適菜　きちんと論理的に考えるとそうなると思います。ただ、本音と建て前がありますよね。近代国家と皇室の関係に齟齬があるのも、本音と建て前を使い分けて乗りきるというわけにはいかないですか？

呉　それは運用の問題になるよね。憲法第九条の問題と同じで、当初は一切の武力はダメだということだったけど、外国が攻めてきたときに警察官がピストルで撃つくらいはいいということで警察予備隊ができた。そのうち自衛隊になって、戦車と言わずに特車、軍艦と言わずに護衛艦。防衛の範囲なら可という理屈だね。そのうち、今度は攻撃兵器もある程度までいいだろうという話になる。防衛のためには、先制攻撃で敵の基地を

靖国の問題
靖国神社をめぐる各種の問題。政治家や官僚の参拝において は政教分離が議論され、歴史認識の問題として取り沙汰されることも多い。

国家神道
明治政府が作り出した、事実上の国教制度。天皇崇拝と神社信仰で国民を統合したが、第二次大戦後、ＧＨＱ（連合国軍最高司令官総司令部）の神道指令により解体された。

攻撃するぐらいはいいだろうと。戦闘機は敵の爆撃機を迎え撃つわけだからいいけれども、爆撃機は敵の基地を攻撃するから基本的には不可だ。でも、大規模な爆撃でなければ敵の基地を叩くくらいならいいということになってきている。集団的自衛権も解釈によってずれるわけで、結局は運用の問題になるんだよね。外務省や法務省のリアリストは、九条を守りながら運用でかなりのことができることをわかっている。

適菜　まあそうですよね。**内閣法制局**の解釈ですもんね。

呉　そう。解釈で変わってしまう。**ＰＫＯ**も厳密に解釈すればダメだけど、平和目的だし、武器も拳銃程度しか持たないからいいみたいな話になっている。そのうち機関銃くらいはいいとなるに決まっている。適菜君が言うような天皇を政治と切り離すというのは、一水会の鈴木邦男も近いことを言うんだよ。彼らは純粋右翼だから当然そうなるわけで、本来の日本人の、日

内閣法制局
内閣に置かれた行政機関のひとつ。法制的な面から、内閣を直接補佐する役割を持つ。閣議に付される法律案、政令案や条例案の審査や法令の解釈などを行う。

ＰＫＯ
国際連合平和維持活動の略称。平和的解決に導くことを目的として、各国の軍部隊を紛争地帯に派遣すること。

本民族の魂の故郷、魂の象徴として、民族の結束の象徴として天皇がいると。それで場合によっては東京の皇居ではなくて、京都に帰っていただいてもいいみたいなことを言っているわけだよね。そこで宗教的に日本国民の平安を祈ってほしいと。これは左翼を経由して**松本健一**《まつもとけんいち》も近いことを言っている。

世俗国家と宗教国家

適菜　保守が近代啓蒙思想を警戒する態度だとしたら、近代国家の要請は建て前として受け取り、本音の部分を守るという立場もあるわけです。民主主義を謳いながら貴族制に分類される代議制を維持するような。そしてそれこそが保守の役割でしょう。

呉　それは当然ある。政治の世界は、運用や技術により、法律

松本健一（一九四六〜二〇一四）
評論家、歴史家、作家。麗澤大学教授。『近代アジア精神史の試み』でアジア太平洋賞を受賞。『評伝　北一輝』で司馬遼太郎賞、毎日出版文化賞を受賞。

を読み替えたりする。社会が安定しているときにはそれでうまくいくが、何かの拍子に矛盾が出てくる。だから、絶対的な正解はありえないわけだよね。現実社会は流動的な生物なのだから。

適菜　そして大事なことは、近代国家と前近代の間に、齟齬が発生するとしたら、前近代を簡単に切り捨てないのが保守であることです。

呉　近代国家は、それ自体は守るべき価値ではなくて、国家機関という道具だね。戦争のときに、銃を守っても仕方がない。銃は手段なわけだから。守るべきは国益や戦争目的。

適菜　でも近代国家の発想の根本には近代啓蒙思想があるわけで、その背後には外国の神がいる。近代や近代国家のイデオロギーに化けているわけです。それとぶつかるのは必然です。

呉　そのときどっちを取るかだよね。三島はそのときは、天皇をかついで**吉野山**《よしのやま》に逃げるみたいなことを言っているわけでしょ。

適菜　私もそう思う。

呉　ただ、吉野山に担ぎこまれた天皇が裏切ることもあるわけでしょ。だから三島自身が「**などてすめろぎは人間**《ひと》**となりたまひし**」と言うわけで。

適菜　天皇を具体的な個人として背負うわけではなくて、天皇の存在自体を背負うということですからね。天皇が座っている場所を背負うのです。

呉　そこに天皇制の問題の矛盾が出てくる。皇位継承問題もそうだよね。俺は**神武天皇**《じんむてんのう》は認めてもいいと思う。だって強かったんだからさ。でも、世襲の天皇になぜ頭を下げないとならないのかという問題は、天皇制に限らず、世襲の根本問題として出てくるよね。徳川家もそうだけど、たしかに徳川家康は偉か

吉野山
奈良県中央部にある山陵の総称。平安時代から桜の名所として知られる。のちに天武天皇となる大海人皇子は出家し、一時は吉野山で隠棲したが、兄・天智天皇死去の報を受けて挙兵。壬申の乱で、政権を握るに至った。

などてすめろぎは人間となりたまひし
「なぜ天皇は人間となってしまわれたのか」の意。敗戦後、昭和天皇による「人間宣言」を受けた言葉であり、三島由紀夫は一九六六年に発表した短編小説『英霊の聲』において、二・二六事件で処刑された青年将校や、特攻で戦死した兵士たちの霊にこの言葉を語らせている。

ったけど、二代目、三代目がなぜ偉いということになるのかと。

適菜　近代的観点で世襲を考えれば当然そうなりますよ。近代的観点で前近代的なものを裁断しても意味がない。近代イデオロギーにより、天皇を世俗化してしまい、人間だと思うからいけないのではないですか。天皇を神とすれば、世襲したって神なんです。

呉　それまでやれればね。だけど近代国家の浸透圧は強いし、俺はきわめて困難だと思う。適菜君の言うように、天皇のあり方を二つに分離したとしても、それこそ**皇位継承の問題**もあるし、跡継《あとつ》ぎができなければ側室を持つかという問題も出てくる。当然、近代国家は干渉してくる。日本中の名家も、誰を跡継ぎにするかでもめるけど最後は親が決める。ところが天皇には何の権原もないんだよね。**皇室典範**という法律が決める。あ

神武天皇
古事記、日本書紀に記された日本の初代天皇。神話として描かれており、日向から東征の末、大和を平定し、百二十七歳で崩御したとされる。

皇位継承の問題
一九六五年の秋篠宮仁親王誕生以降、皇室に男子が生まれなかったことで表面化した問題。皇位継承資格者が存在しなくなったとき、女系天皇を容認すべきか、旧皇族の皇籍復帰などで男系を維持すべきかなど議論された。

皇室典範
皇位継承、天皇・皇族の身分など皇室に関する重要事項を定めた法律のこと。一九四七年に定められた現皇室典範の

んな異常な名家はない。名家の長でありながら、跡継ぎさえ決めることができないのだから。つまり、天皇は完全に国家機関で、憲法や皇室典範に完全に規定されてしまう。

適菜　近代化の波がそこを襲ったと。

呉　そう。松本健一の言うように、天皇に京都で宗教的儀礼を司《つかさど》ってもらったとしても、跡継ぎの問題をはじめ、近代国家の法の網の目に包み込まれてしまっている。

適菜　それこそ、三島が危惧した**「週刊誌天皇制」**の問題で、特に女性週刊誌みたいなものが皇室を語る。それ自体がきわめて異常なことだと思います。テレビの皇室番組だって不敬でしょう。

呉　うん。要するに、皇室典範があるから、それにのっとれば不敬ではないという理屈なんだよ。

適菜　そうするとどうすればいいんですか?

第一章「皇位継承」の第一条には「皇位は、皇統に属する男系の男子が、これを継承する」と書かれている。

「週刊誌天皇制」
天皇が週刊誌で語られる大衆的な存在にまで貶められたとする考え方。三島由紀夫が危惧を表明した。

呉　それは考えようがない。誰か知恵者が、現在の文明論的、政治的な状況を超えたところにいるような人が、民族の象徴としての皇室をつくりあげ、なおかつ国家や法体系の浸透圧からうまく守るような何かをつくるしかないよね。

適菜　昭和天皇はいわゆる人間宣言をしたけど、なんで簡単に人間になったんですかね。

呉　背後に米軍があったからでしょう。明治憲法から戦後憲法に移行したのは革命的断絶ではなくて形式的にはつながると言われているけど、裏にはアメリカという圧倒的権力があった。それと、近代国家と世俗国家の問題がある。トルコは**ケマル・パシャ**が世俗国家をつくったけど今度はまた戻して宗教国家にしようという動きがあるわけでしょ。俺は宗教国家の意義はあると思っている。**ブータン**が本当に幸せ指数世界一の国なのかどうかは疑問だけど、そう言われてみればそうだと思えるもの

ケマル・パシャ（一八八一～一九三八）ムスタファ・ケマル・アタテュルク。オスマン帝国の将軍、トルコ共和国初代大統領。第一次大戦後、連合国への領土割譲に対し、祖国解放を掲げて挙兵し、ギリシャ軍を打倒。一九二三年には帝政を廃してトルコ共和国を樹立した。トルコの近代化を推進したとして議会から「父なる

には何かあるんだよ。タイは宗教国家だけど、仏教が浸透していて、王室があって、いい感じの国になっている。日本がああなればいいのかわからないけどさ。そうすると天皇制や王制がなければいいとは単純には言えないけど、宗教国家を選ぶ場合も、誰がどう選ぶかが問われる、というのが俺の考え。世俗国家と宗教国家を巧みに操るだけの見識のある人物が、個人ではなくても複数でもいいけど、いる場合にはうまくいく。

適菜　そうですね。ただ世俗国家と宗教国家を対立するものと捉えるのは間違いで、やはり近代世俗国家の背景には唯一神教があると思います。

呉　うん。ただ、近代国家は緻密にできていて、さまざまな国において経済的発展、技術的発展を促進しているのは事実なわけ。

適菜　そうですね。**ゲルナー**が指摘するように、資本の要請が

トルコ人」という意味の、「アタチュルク」の称号を受けている。

ブータン
ヒマラヤ山脈の東部にある王国。国教はチベット仏教。一九七二年、ワンチュク第四代国王が提唱した「国民総幸福量（GNH）」という指標を国是としており、世界一幸せな国と話題になった。

アーネスト・ゲルナー（一九二五～一九九五年）
英国の哲学者、歴史学者、社会人類学者。ナショナリズムの研究で知られる。ナショナリズムを「近代主義」からのアプローチで説く。著書に『民族とナショナリズム』など。

近代国家を生み出した。その原理がナショナリズムですね。

呉　ということは豊かな国になろうと思ったときには、そちらの方向へ進む淘汰《とうた》圧が働いていることは間違いない。だからその中で、それをどう上手に使いこなしていくかという問題になると思う。世俗国家が完全に社会を支配してしまったときの、それこそ三島が言うような文明の頽落《たいらく》だって起きているわけだからね。でもその場合にもそれを巧みに使う誰かが必要なわけだよ。

適菜　それは**哲人政治**や賢人政治をどうやるかという問題につながりますね。

哲人政治
古代ギリシャの哲学者プラトンの思索した、理想国家の政治形態。哲学的英知を持った君主＝「哲人王」による、無私の独裁政治。哲人王になりうる人材を育成すべくアカデメイアを設立したとされる。

第六章

民主主義か哲人政治か

誰が指導者か

呉　五十年ほど前に出た**小島祐馬**《おじますけま》の『**中国思想史**』はわかりやすくて面白い。小島が京都大学でやった支那哲学史の講義を弟子がまとめたもの。この弟子が錚々《そうそう》たる連中で、福永光司も院生のときにこれをまとめている。小島は京都大学法学部出身で、西洋的な思考を経た後に支那思想に入っている。だから、儒教内の教理問答にならず、ものすごく明快なの。小島は「儒教は徳による階級制を目指す」と言った。これを読んで俺はもう膝を打ったんだよ。つまりそれは哲人王を意味している。次の一行でさらに痺れたね。「しかし、すべての人は、自分には徳があると思っている」と。つまり、哲人政治は夢であって現実には出現しないということ。その矛盾の中に政治や指導者の

小島祐馬（一八八一～一九六六）
東洋史学者、東洋思想史研究者。京都帝国大学名誉教授。中国社会思想史を専門とし、中国研究に大きな足跡を残す。

『**中国思想史**』
小島祐馬の京都大学での講義ノートを元にまとめられた一冊。二〇一七年、KKベストセラーズから再刊された。中国固有の思想、哲学を実証的に解明した。

問題があると言っているわけだね。ただ単にみんなが平等となってても何もできなくなる。理想と現実の矛盾を自分の中に抱えこんだときに本当のいい政治ができる。しかし、それでも俺は究極の理想としては「賢者の政治」しかありえないと思うけどね。こんないい本をどうしてみんな読まないんだろう。適菜君はきちんとニーチェを読んでいるけど、二十数年前に現代思想とか言っていたしょうもない連中は、どうしてきちんと仏教や支那学をやらないのかね。ショーペンハウエルだって、ニーチェだって仏教が重要だと知っていたわけだから。

適菜　「仏教は古い」という発想が古いんですよ。

呉　哲人王は自分の息子に能力があっても跡継ぎにさせない。能力があるなら学者や芸術家など別の方向に行かせる。そして、意図的に他の人たちを入れる。そういうことができる何百人か何千人かの集団が社会を指導するのが一番いい。だけどそんなことが本当にできるだろうかという根本的な疑問が出てくるんだよね。彼らにしかるべき厚遇をするくらいはいいけど、利権が絡むと、哲人なんていったって蟻《あり》の穴から崩れだす。ハニートラップを仕掛けられて、真面目な奴ほどコロッといったり（笑）。

適菜　長いスパンで考えたときに、人類は民主主義を廃棄し、哲人政治、賢人政治を目指すべきだと思います。これは別に理想主義ではないんです。現在、われわれが採用している代議制は少なくとも、選良に政治をさせるという発想の下にあるわけですから。彼らが本当に選良かどうかという問題は別として。司法も行政もエリートが扱うべき領域だし、実際にそうなっている。それに、人間社会に階級ができるのは、歴史的に見て自然な現象であり、例外はほとんどない。それに対して、きわめて異質な、人工的な、理念的な政治制度を唱えてきたのが近代でしょう。エドマンド・バークはフランス革命の政治制度改革の結果、「巨大な虚構」が生まれたと言いました。そして、勤勉で堅実な人々にいつわりの思想とむなしい期待を吹き込んだと。上層部において「徳」が維持されなければ、社会は腐っていくんです。

選挙免許制度のすすめ

呉　俺の考える共和主義において唯一の階層・階級は、徳における階級制だからさ。ローマにおける共和制もそうだし、支那にも非常に優れた帝が出てきて賢者集団を束ねる。哲人政治は共和制に親和的なところがあるんだよ。ただ、理想が百とすると、五十どころか、三十のものさえなかなか出てきていない。「民主主義は一番悪くはない。セカンドワーストだ」という言い方をする人が多いでしょう。セカンドワーストとは最悪ではないけど、下から二番目ということだよね。強盗は許せないけど、詐欺なら仕方ないなという話。

適菜　**チャーチル**は「民主主義は最悪の政治形態と言うことができる。これまでに試みられてきた民主主義以外のあらゆる政治形態を除けば」と言った。でも、正確には民主主義ではなくて**議会主義**だと思うんですが。少なくともチャーチルの意図を汲めば。間接民主主義とか代議制民主主義などという変な言葉もありますが、議会主義を民主主義が侵食していることが悪いのであって、イデオロギーとしての民主主義は間違いなくワーストだと思います。近代においては、権力の正統性を維持するために民主主義というイデオロギー、宗教を利用している。しかし、代議制という防波堤があるからこそ、セカンドワーストになるわけで、チャーチルだって、その程度のことはわかって

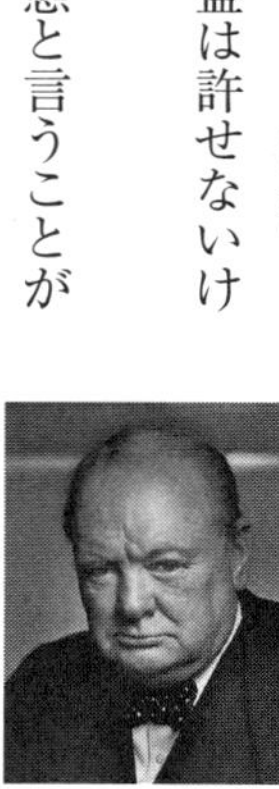

ウィンストン・チャーチル
（一八七四〜一九六五）
イギリスの政治家。第二次大戦時に首相を務め、反ナチス陣営を勝利に導いた立役者となる。『第二次大戦回顧録』でノーベル文学賞を受賞。

議会主義
議会で行われた議論の結果、政治的決定を行うという形式。

いる。でも、本気で民主主義を次善の策だと思っているような連中はいますよね。橋爪大三郎が『民主主義は最高の政治制度である』という本を書いていましたが、あれはひどい本だった。八〇年代後半から九〇年代初頭の社会を分析し、日本の将来を予想しているのですが、あまりに楽観的でほとんど外れている。

呉　民主主義はすべての構成員が同じように理性も自由意志も責任能力も持つという前提で、成り立っているが、現実はそうではない。だから代議制が採用されている。官僚制もそうだね。近代における官僚制は非常によくできていて、能力を持っている奴が、国家試験を通った上で、公務員になる。そこでは選別が行われるから、少なくともセカンドワーストで済むという論理。実際そうなっているかは別だけど。国民一人ひとりが等価であるという前提において近代国家が成り立っているわけで、そんなのフィクションなんだけどね。

適菜　だからフィクションの選択の問題なんですね。病んだフィクションを選ぶのか、健康的なフィクションを選ぶのかと。それはどれだけ正常な思考ができる人間がいるかにかかっている。

呉　成年被後見人、つまりかつての**禁治産**者に選挙権を与えるという判決があった。法の整合性においては、禁治産者だけを国民から除外することはできない。だから禁治産者であろうと日本国国民であれば一票を持つ。主権は同じとなる。でも、それを提訴した弁護士たちが「勝った」と浮かれていたのを見て、情けなくなったね。単に法の整合性が出現しただけの話じゃないか。

適菜　そうですね。国民主権の背後にある原理が露呈しただけ。これを運用の問題として考えれば、車の運転に免許証が必

禁治産
継続的な精神的欠陥などのため、経済的行為の被害者となるのを防ぐことを目的に、行為能力を制限する制度。

要なのと同じように、選挙権を制限していくべきだと思います。実際には難しいのでしょうが。

呉　難しいね。現在の法体系ではできないと思うよ。日本国家を成立させる原理として、国民一人ひとりは同等の権利を持つという前提があるから。

適菜　そもそも近代国家はそういうものですからね。

呉　だから、憲法を変えるときにどこかをいじるか、それこそ解釈の幅を少しずつ変えていくしかない。でも平準化圧力がある以上難しいよね。先ほどの成年被後見人に選挙権を与えるということにも誰も反対していないし。

適菜　その論理を突き進めると、未成年者にも選挙権を与えろという話になりますね。

呉　そうそう。ただし、未成年者の場合、いずれ成人になる。でも成年被後見人の場合は知能障害や精神障害があるから、客観的に考えて治らない人が多い。昔どこかのテーマパークでこんな事件があった。記念品が出る十万人目の入場者が、明らかに知能障害のある子供で、その子をとばしたという事件があった。その親が「なぜうちの子に記念品をくれないんだ」と怒った。それはもっともな話でしょ。記念品進呈なんて知能障害があるなしに関係ないじゃないか。でも、国政に対して意見を表明するのは、それがたいしたものであるかどうかは別として、積極的な行為である以上、資格試験があってもおかしくないんだよ。

適菜　バカがバカを支持するとバカな国になる。これは誰もが感じているけど、公に言えない空気があります。民主主義教という宗教的圧力がありますから。

呉　俺が前から提唱しているのが、選挙権の免許制とそれに伴うポイント制。国民一斉に常識程度の試験をして、それに通った人に選挙権を与える。だって、自動車免許だって薬剤師免許だって教員免許だってあるのに、選挙権だけ免許がないなんて、考えてみたら異常ですよ。政治から「受ける権利」は平等でいい。それを制限する理由はないでしょう。その権利を享受するのに能力は何の関係もないし。

適菜　そうですね。法のもとの平等も大切です。

呉　しかし、政治をするのは、権利ではなくて能力だからね。むろん、その試験は中卒程度の、つまり義務教育程度の、しかもそのぎりぎりの及第点レベルでいい。義務教育の本旨にも合うしね。さらに、この試験を一種、二種、三種……と分ける。自動車免許だって教員免許だって、区分があるから。そして、種ごとに選挙権ポイントを決める。一種は一ポイント、二種は二ポイント、とか。このあたりは消費税率と同じで、技術的な問題でしょう。要するに、持ちポイントを分割して投票できる。こうすると死票もなくなるし、何よりも政治への責任感が強まる。どうせ自分が一票投じても同じだという無責任、無関心がなくなる。今、一票の格差、地域差みたいなことがよく議論されるけど、あれはむしろ大都会による地方軽視の側面がありますね。歪んだ平等圧力。ただ、選挙権免許制・ポイント制を導入しても、自民党が勝つか民主党が勝つかといった結果は、現在とほとんど変わらないと思う。変わるのは国民の政治意識、政治観。投票の結果は、ほぼ同じでしょう。

適菜　でもそれは大事なことですね。たとえ結果が同じになるとしても、政治に対する態度の根本が変わるわけですから。それと、被選挙権のほうをいじるわけにはいかないですか？

呉　むしろ、被選挙権はいじらないほうがいい。面白い泡沫《ほうまつ》候補が出なくなる危険がある（笑）。日本国憲法十五条第四項に「選挙人は、その選択に関し公的にも私的にも責任を問はれない」という無責任規定がある。主権者は全国民なんだから責任を負わなくなるに決まっている。明治憲法における天皇も国家主権を持っていて**無答責**《むとうせき》なのと同じことだよね。

適菜　だから左翼は矛盾しています。国民主権なら最大の権力は国民であり、権力批判は当然大衆社会批判にも向かうべきです。バークは「完全な民主政治は、この世でもっとも恥知らずなものである。それは、もっとも恥知らずだからおそれを知らない。誰も、自分自身が処罰の対象になりうるとは思わない」と述べています。

デモクラシーと排除の構造

呉　初代の神武天皇やある国を侵略して権力を持った奴は、最初にあるのは法律ではなくて、実際の統治行為なんだよね。事

無答責
責任を負わなくてもよいこと。

実としての権力がある。それは必ず法律の外にある。それが国民主権というものにも表れていて、それ以上のことは問えないんだよ。法律外の論理としてさ。

適菜　権力の正統性を支えるものとして、伝統や民族の神が使われる。いきなり日本語ができたわけではないし、いきなり世界が誕生したわけでもない。だから、伝統を重視しないほうが世界史的に見れば特殊な考え方だと思います。

呉　だけどわれわれはしばしば、伝統を無視したり、誤解していることもある。人間は実際に体感できるもので考えてしまう。異文化理解ということがよく言われる。俺も大学でそんな講義をやっていたんだけど、学生は誤解して科目登録してくるのね。異文化理解というとき、空間軸の異文化、たとえばフランスやエジプトに行けば向こうの文化を知ることはできるけど、時間軸の異文化は理解しにくい。時間軸の異文化とは、つまり、過去の文化や伝統。タイムトラベルはできないからね。特に日本の場合、近代化は欧米化とパラレルな関係になっている。異文化理解は自国の文化を独善的にしないための、相対化のモーメントになるけど、時間軸の異文化理解は難しい。

適菜　昔のことは直観的にわからない。

呉　**清水《しみず》かつら**の「叱られて」という有名な歌がある。「叱られて叱られてあの子は町までおつかいに」という哀調を帯びた歌。子供の頃この歌が好きでね。お袋に「おつかいに行け」とか言われるとすごく嫌だったから（笑）。この悲しい歌は、俺のことを歌っているんだなと思った。でも、大学生のときに違うと気づいた。あの歌詞の一番の続きには「この子は坊やをねんねしな」とある。これは「弟か妹の相手をしてやれと親に言われるけど嫌だ」という話ではなくて、奉公人、子守娘の話なんだ。日本の古い子守唄は、子守の悲哀を唄っているものが多

清水かつら（一八九八〜一九五一）
詩人。小学新報社で編集業務を行いながら、童謡の作詞を行う。清水が手がけた「叱られて」は二〇〇七年、「日本の歌百選」（文化庁並びに日本ＰＴＡ全国協議会による）に選ばれている。

い。「ねんねこさっしゃりませ　寝た子のかわいさ　起きて泣く子の　ねんころろん　面憎《つらにく》さ」は、貧しい子守の立場から歌っているわけだ。そんなことさえわれわれは知らずに、伝統的な子守歌を学芸会なんかで唄うわけ。俺自身、二十歳になるまで気がつかなかったんだけど（笑）。

適菜　「犬のおまわりさん」も公権力批判の臭いがする。

呉　あれは、戦後の歌（笑）。それはともかく、**大正デモクラシー**の頃の「**童心主義**」で、日本人のメンタリティーががらりと変わったという研究もある。それは、実は抑圧的な差別的な思想であり、尋常小学校を出ただけで働かなければいけない人たちを踏みつけにした上での、優しい心の強調なんだよね。それは**金子みすゞ**にも表れていて、イワシが大漁だと喜んでいるけど、イワシの仲間たちは泣いているだろうと。教科書にも載っている有名な「大漁」ね。でも、それは、屠業差別と同じ。

大正デモクラシー
大正時代に起こった自由主義的、民主主義的な風潮。政治、文化、教育など多岐にわたった。

童心主義
童話・童謡による児童雑誌『赤い鳥』を発刊した児童文学者・鈴木三重吉が提唱し、大正時代から昭和初期にかけて見られた児童中心主義的理

「牛鍋はおいしいなあ」「豚の生姜焼きはおいしいな」と言う陰で、豚のお母さん、牛のお母さんは泣いているよということになる。これは部落差別につながるわけでしょ。手を汚すことを下層階級に押し付けて、心が清らかになるというのは、あの頃の童心主義の典型なんだよ。スウェーデンの福祉主義が成り立つのは、周辺諸国の出稼ぎ労働者がいるから、つまり福祉の恩恵を受けるのは国民国家に守られている人たちだけで、その陰では抑圧や差別がある。これは、人間の心が豊かになるには、差別がなければならないという大きな問題が出てくる。

適菜　そうですね。それは哲学のテーマであるし、資本主義の問題とも関係する。

呉　マルクスが『**資本論**』その他で言っているのは、自分たちの説く社会主義は、それ以前の空想的社会主義とは違って、脱道徳的である、すなわち科学的であるという主張だ。つまり、

念。

金子みすゞ（一九〇三～一九三〇）
大正時代末期から昭和時代初期にかけて活躍した童謡詩人。結婚後に断筆するまで、六年間で五百十二編に及ぶ詩を綴った。代表作に『わたしと小鳥とすずと』『大漁』など。

『資本論』
マルクスの主著。古典派経済学を批判的に検討し、資本の運動法則を明らかにした。全三巻に及び、二巻、三巻はマ

資本主義における搾取は、悪意による搾取ではない。それ以前は悪い領主が弱い人たちをいじめて搾取している。自分たちも悪いことをしているとわかっていた。しかし、資本主義においては貨幣の流通過程において、剰余価値が生じて、それを資本家は搾取している。だから、搾取しているという意識さえない。道徳的な批判から免れている、そこにこそ資本主義のカラクリがあるとマルクスは考えているわけだよね。

フェミニズムと反知性主義

適菜　フェミニストはジェンダーは歴史的に生成されたものに過ぎないと言いますが、そもそもあらゆる制度は歴史的なものなんだから。でも、現実の性差までイデオロギーで糊塗できないですよね。

ルクスの死後、エンゲルスが整理した。

フェミニスト　女性解放論者、女権拡張論者。男女同権を目指す「フェミニズム」を唱える人を指す。

呉　フェミニズム心理学の学者が書いた『**性の署名**』という本、適菜君、読んだ？

適菜　読んでないです。

呉　「言語や文化を獲得するまで性差はない」というのは少し前までのフェミニズムだった。要するに幼児には性差はないと考えていた。アメリカで割礼の手術の際に誤って性器を切り落としてしまったことがあって、病院側の相談を受けた性心理学者が、「幸いなことに、まだ一歳かそこらで、文化を獲得していないので、女の子として育てましょう」と提案する。そして、五、六歳になったときに、造膣手術までしてしまう。さらに女性ホルモンを注射するのでおっぱいもでてくる。顔も結構かわいかったから、女になったという話なんだよね。つまり、性は文化によって署名されているものだと。これはフェミニズムではかなり重要な本だった。ところが『**ブレンダと呼ばれた**

ジェンダー
先天的、生物学的な性差＝セックスに対して、社会的、文化的、歴史的に形づくられた性差のこと。

『性の署名』
心理学者のジョン・マネー、パトリシア・タッカーによる共著。性別は生物学的な性差によって規定されるものではなく、社会的に形成されるものだとして、フェミニズムに多大な影響を与えた。

『ブレンダと呼ばれた少年』
ジョン・コラピント著。『性の署名』で「性は社会的につくられる」ことの証左として描かれた少年・ブレンダの真実に迫った。

少年』という本が出る。『性の署名』ではその〝少女〟は子供が産めないだけで、男と恋愛もし、結婚もできて素晴らしい人生を歩んだという話で終わっているけど、それは嘘で、その少年は、五、六歳になると、「僕は本当は女じゃないんだ」と思うようになる。それで、青年期になってホルモン注射を止めて、男として生きる決意をするんだよね。幸いにも女性と結婚したけど、やはり最終的には自殺してしまう。

適菜　ちんことまんこの問題にイデオロギーが優先するわけはないのですから。

呉　実に痛ましい事件です。これはフェミニズム系のマッドサイエンティストによる人体改造なのね。この一連の本を読んで、「それなら俺は一体、何歳から〝俺は男だ〟って理解したんだろう」と考えたけど、よくわからない。二、三歳の頃には自分は男だって理解してたはずだけど。米軍は昔から女を軍人に使っている。日本に来た進駐軍にも女の中尉や大尉がいた。でも、彼女たちは戦闘行為にはついていない。しかし、この二十年くらいで女も戦闘行為につかせろという動きがあって、実際に女の戦闘員が出てきているの。自衛隊もそういう動きが出てくるかもしれないね。そうなると左翼が言っている「女性は平和勢力である」というのは真っ赤な嘘だということになる。女を戦闘行為につかせないのは女性差別だというフェミニズムのほうが軍国主義的な動きになってくる。

適菜　ニーチェは「女性の解放」とは「女性の男性化」に過ぎず、女性の価値を貶めることに他ならないと指摘している。女性専用車両について、「保守派」の評論家が「あれはけしからん、男性差別だ」と言っていたんです。でも、本来ならあれを批判すべきはフェミニズムの側でしょう。

呉　そうそう。男は女を守るというのは、保守派の一種の**マチ**

マチズモ
男性優位主義、あるいは男っ

ズモだと言うべきだね。そうだとしたら、フェミニズムはそれを批判すべきでしょう。それができないのは、何も考えていないからだね。伝統の問題もそうで、何が伝統なのか知らないまま議論している奴もいる。新しい伝統もあるし、新しければいけないのかというとそうでもない。豊かな実りは、必ず土をつくるところから始まる。いい土があるところにはいいものができるのと同じで、蓄積がなければどうしようもない。それを伝統と言うんだね。人間がこれまでやってきたことはすべて伝統。アウストラロピテクス以後二百万年の伝統が人間にはあるんだよ。

英雄待望論の背景

適菜　呉先生が、橋下徹が出てきたのは「英雄待望論ではない

ぽさ。スペイン語の「マッチョ」が語源となっている。

か」みたいにおっしゃっていましたけど、私には危機に対して不感症になった大衆が面白半分にチンピラを持ち上げたというふうにしか見えない。英雄というものが現在においては存在しないということを前提に面白がっているようにしか見えなかった。

呉　でも半分くらいは英雄待望論があるにはあるんだよ。

適菜　でも、橋下は英雄には見えないでしょう。

呉　まあねえ（笑）。大衆のメンタリティーとしては面白がらせる奴は一種の英雄になる。テレビ芸人もそういう感じがある。適菜君の言うこともっともっともだけれども、面白がっているだけではないと思う。

適菜　**鳩山政権**ができたときに支持率が七十パーセントくらいあった。「鳩山さんだったら何か変えてくれる」「古い体質を壊してくれそう」といったメンタリティーの部分では根は同じな

鳩山政権
鳩山由紀夫を首相として二〇〇九年九月一六日に成立した政権。十五年ぶりの非自民政権として期待を集めたが、献金問題、普天間基地移設問題をめぐる失政などで終焉を迎えた。

んじゃないですか。

呉　そういう意味では同じだと思う。自民党はもうダメで、民主党なら何かやってくれそうだとか。

適菜　本当の意味での英雄が出てきたら、即座に引き摺り降ろされるのが大衆社会です。だから、大衆が英雄を待望しているのかどうかは疑問ですね。むしろ社会に害を及ぼす破壊者を面白がって担ぎ上げている。自傷行為に近い。

呉　そこが大衆の心理構造の微妙なところでね。ナチス出現のときとも違うし。北朝鮮の金日成《キムイルソン》も朝鮮民族の英雄待望論に応《こた》えたところがあった。でも今では適菜君の言うように、英雄が出現したらすぐに引き摺り降ろされるのでは、単にいじられているに過ぎないと言えなくもない。

適菜　**イチロー**や**松井秀喜**《まついひでき》が英雄というなら、なんとなくわかりますが、政治の話になるといまいちわからない。強い指導者

イチロー（一九七三〜）
元プロ野球選手。日本プロ野球、米メジャーの両リーグで数々の記録を打ち立てた天才バッター。メジャーリーグでは二〇〇四年にシーズン安打記録「二六二」を記録し、殿堂入りも確実視されている。

という意味とそのまま重なるわけでもないし。

呉　小泉純一郎もそうだけど、何かが決まらないときに、ガツンと言う指導者が求められたり。

適菜　それが議院内閣制を否定し、首相公選制、大統領制にしようという動きとつながっている。エリートの政治というと「独裁を肯定するのか」とトンチンカンなことを言ってくる奴もいます。

呉　それが地方自治の中で出てきている。その国民の願望が実現したときにどうなるかという問題があるよね。その瞬間はそれがよかったとしても、その体制が続いていいかという問題もある。

適菜　安倍晋三は、**憲法九十六条**を先行改正しようとして失敗すると、私的諮問機関の意見をベースにして、閣議決定で解釈改憲をやると言い出した。こんなことをやっていると、国が滅

松井秀喜（一九七四〜）元プロ野球選手。星稜高校時代に五打席連続敬遠を受けるなど、早くから怪物ぶりを発揮。読売ジャイアンツで不動の四番バッターとして活躍し、二〇〇三年よりニューヨーク・ヤンキースなど米メジャーリーグで活躍。愛称は「ゴジラ」。

日本国憲法第九十六条　憲法の改正手続きを規定した条文。憲法改正は各議院の「総議員の三分の二以上の賛成で、国会が、これを発議」し、承認には国民投票（または国会の定める選挙の際に行われる投票）で、「過半数の賛成を必要とする」とされている。

びますよ。

呉　単にスローガンだけではなくて、長期的な理念を出しうるかどうかが問題だと思う。とりあえずの統治能力により政権を安定させなければ改憲できないのだから、それをやりうる人の問題だよね。その際に、俗受けしようが一見頼りがいがありそうに見せることができるということと、その後に長期的な政治理念を持ってるかということです。それは一人では仕方がないので、集団的にそれができるかどうか。

適菜　それはあらゆる文化においても同じですね。

呉　それこそ、適菜先生に異論を唱えるわけではないけど、**スーザン・ボイル**が出てきた瞬間は、やはり感動的だった。俺、一瞬、世界には奇跡があると思ったんだよ。うかつだったんだけど(笑)。

適菜　私はあの歌に偽物を感じた。

スーザン・ボイル（一九六一〜）イギリスの女性歌手。二〇〇九年、イギリスのオーディション番組『ブリテンズ・ゴット・タレント』に出演し、たどたどしい話しぶりや外見からは想像もつかない美声を披

呉　ボイルが歌のコンテストの番組に登場したときに、最初はみんなゲラゲラと笑った。でも、**『夢やぶれて』**を歌い出したらみんなが感動したという話でしょう。そしてその年末に来日して紅白歌合戦に出た。俺はもともとテレビは見ないけど、忘年会に行くんでちょうど銀座を歩いてたら街頭放映でやっていた。でも、全然よくないんだよ。

適菜　ＮＨＫは彼女に五百万円のギャラを払ったんですよ。

呉　やはりどこかにロマンチックな期待があるんだよ。つまり自分を裏切ってくれるような人物が出現しないかと。**ジュリアード**に行って音楽を学んだような奴ではなくて、田舎のおばさんが途方もない歌姫として現れる歴史的瞬間に立ち会いたいという願望がある。

適菜　スーザン・ボイルは紅白に出場して、しばらくしてからロンドンのヒースロー空港でモップをふりまわして卑猥《ひわい》な言葉

露した。同年十二月にはＮＨＫ紅白歌合戦にゲスト出演し、「夢やぶれて」を歌った。

『夢やぶれて』　ミュージカル『レ・ミゼラブル』の劇中曲。作曲はクロード・ミシェル・シェーンベルク。

ジュリアード音楽院　米ニューヨークに本部をおく名門音楽大学。輩出した有名アーティストは、ジャズの帝王マイルス・デイヴィス、チェリストのヨーヨー・マなど。

を叫び大変なことになった。

呉　でも、**山下清**《やましたきよし》みたいなのが、突然出現して「こう来るか」みたいな瞬間に立ち会いたい。

適菜　私はそういう天才は信じたくないな。それこそ英雄待望論につながってしまう。それは夢だと思う。

呉　それは重々わかっているよ。この齢まで生きていれば、何度もその夢は裏切られてきた。でも、スーザン・ボイルの感動に出会うために俺は六十年生きてきたのかと思っていたら、紅白歌合戦でキムタクの英語の質問が理解できなくて気まずい雰囲気になったんだよな。

適菜　それこそ、「夢やぶれて」じゃないですか。

呉　ははは。俺の学生時代から**こまどり姉妹**は、〝癌で危篤〟なんて何度も言われながら、二人で長年歌っているんだよ。あれはあれですごいものがある。俺はスペイン系の歌が好きで、

山下清（一九二二～一九七一）
知的障害者の画家。日本各地を放浪しながら創作活動を続けた。芦屋雁之助が演じた「裸の大将」としても有名。

こまどり姉妹
北海道出身の並木栄子・葉子による双子のデュオ。一九五九年に「浅草姉妹」でデビューし、「三味線姉妹」「ソーラ

スペインの酒場で音楽を聴いたことがある。カネも学歴もなくて家庭環境のひどいところから出てきた奴が歌で食いつなぐ。十歳かそこらの頃から流浪《るろう》の旅をして、親に殴られながら音楽をやる。そんな有名なギタリストの兄弟がいるんだけど、彼らは音楽が好きなわけではないんだよ。稼業だし、これでしか貧民は食えないからやっている。そんなところからすごいのが出てくる瞬間があると嬉しい。

適菜　それはよくわかりますよ。ポルトガルの**ファド**もすばらしい。あと、中学生の頃から働いている職人のすごさもある。毎朝鮨屋でタコを揉み続ける若者は何かを成し遂げるかもしれない。

呉　適菜君が言うように、天才願望かもしれないけど、われわれの予想を裏切るような人物が日本でも出てきてほしいね。

ン渡り鳥」「浪花節だよ人生は」などのヒット曲を発表。薬子のガン闘病、関係者の脱税問題など波瀾万丈を乗り越え、現在も活動中。

ファド
ポルトガルの民族歌謡。一九世紀、港町・リスボンで生まれたとされる。言葉としては「運命」を意味し、ギター伴奏と哀愁のあるメロディーが特徴。

左翼に足りないのは教養

適菜　政治をどう捉えるかという問題になると思うのですが、民主化していくほうがいいのか、プロフェッショナルが扱うべき職業なのかという違いがある。これは政治観の違いであって、近代啓蒙思想を信仰している連中と、その危険性に警鐘を鳴らしてきた連中の立場の違いということになります。大衆の熱狂や移ろいやすい民意、流されやすい世論に迎合すればどうなるのかということは、政治家は歴史から学ぶべきだと思う。

呉　**日露戦争**の後、**ポーツマス条約**を結んだときには、**日比谷焼き討ち事件**が起きた。政治家は冷静に考えて、ここで手を打ってロシヤと講和を結ばないとまずいと考えた。今ならギリギリで手を打てると。でも、民衆側は抗議行動を起こした。もし

日露戦争
一九〇四年に勃発した、満洲・朝鮮の支配をめぐる日本とロシヤの戦争。日本が優勢に戦いを進めたが、戦線が限界に達し、またロシヤ国内でも革命運動の混乱が広がった

あのとき、民衆の意見を受け入れて戦争を続けていたら大変なことになっていた。「民衆は平和勢力だ」というのは嘘だよ。民衆には先を見通すことはできない。明治のはじめに部落差別反対一揆があちこちで起きているんだけど、左翼思想主導の歴史教科書には「一揆は素晴らしいことだ」と書いてある。でも、同時に部落差別を温存させる目的の一揆もあったわけだからね。やはり適菜君が言うように、政治はプロが、見識と見通しを持ってやらないとどうしようもない。

適菜 世論調査の結果みたいなもので政治が動いたら、すでに日本という国はなくなっていた可能性があります。「民意に従う」と言った瞬間に、政治家としての資質はゼロということになる。

呉 日米安保のときには、裏で絶妙な力学が働いていた。その政治の力学をうまく利用できる奴がいれば、暴動が起きても暴

ため、アメリカのセオドア・ルーズベルト大統領がポーツマスでの講和を斡旋し、終戦を見た。

ポーツマス条約
一九〇五年九月五日、アメリカのポーツマスで調印された、日露戦争の講和条約。韓国における日本の優越権の承認、旅順・大連の租借権、長春・旅順間の鉄道利権の日本への譲渡、日本の賠償金放棄などで妥結した。日露の首席全権は、それぞれ小村寿太郎、セルゲイ・ヴィッテ。

日比谷焼き討ち事件
ポーツマス条約による講和に対する不満から、一九〇五年九月五日に起こった暴動。対露同志会、黒竜会など強硬派

動を自分のいいように使うことができるわけだよね。俺はそれが指導者だと思う。民衆の不満が直接行動となることがある。それを抑えたり、場合によってはコントロールしていく。日米安保のときはそれをうまく抑えた。一方で、社会党もその圧力を利用しながら存在誇示し、自民党も日本の存在感をアメリカに示したわけだよね。じゃあそこで、負傷したり心が傷ついた人たちが、「俺たちは駒として使われただけなのか」と感じることはどうか。これは左翼理論の根本的な問題です。「俺たちは駒として使われても意味があった」と言えない左翼はダメだと前から俺は言っているのね。駒の中でも使われたらまだマシで、中近東やアフリカなら、駒というだけで殺されたりする。だったら、「これもわれわれなりの歴史への関与の仕方である」と言えないのかなと思う。でも、言えないんだよね。

適菜　左翼には、歴史法則が存在するという特殊な世界観があ

が主催した日比谷公園での「講和条約反対国民大会」に参加した民衆が、内相官邸、警察署、国民新聞社などを焼き討ちした。

日米安保
正式名称は「日本国とアメリカ合衆国の間の相互協力及び安全保障条約」。一九五一年九月、サンフランシスコ講和条約とともに日米間で締結され、米軍の日本駐留などが定められた。

りますからね。最後の審判でも理想社会実現でもなんでもいいんですけど、目的のために革命に挺身《ていしん》するという発想がある。

呉　さらにそこには、犠牲者でもいいというのが、キリスト教的な千年王国論として出てくる。聖書の中でイエスが言っているのは、まもなく世の終わりが来る。そのときには、病人や妊婦は大変に苦しむだろうと。それを救ってやるという言葉はひとことも出てこないんだよ。世の終わりには「苦しむよ」と言っているだけなんだからさ。「歴史の大きな激動の際には、駒に使われた奴は苦しみますよ、あなたたちは損ですよ」としか言っていない。それでも、歴史の大きな法則は動くというのが左翼理論なんだよ。

適菜　だから左翼の根本はキリスト教です。

呉　そこを左翼自身は深く考えていない。それでいいというなら、それもひとつの考えだけど、そうも言わない。一人ひとりの個性や意見を大切にとか言いながら、それを法則によって踏みにじることに対して、何のケアもない。

適菜　結局、左翼に足りないのは教養だと思います。知識はあるのかもしれないけど、ものごとを判断する基準がおかしい。この二百年にわたり猛威を振るった左翼理論をきちんと学び、その根源的な危険性を理解することが大切だと思います。エセ保守・ビジウヨがやっている表層的な〝左翼批判〟はどうでもいい。

官僚批判の構造とエリートの条件

呉　法律は国家という巨大な機関を運用するマニュアルだよね。石油コンビナートや発電所、飛行場といったものを動かすためのマニュアルは厖大《ぼうだい》な量になる。発電所の運用には、トラックの荷台何十杯分ものマニュアルが必要で、それを各部署が分担してやっている。法治国家は何をするにも全部法律で、末端に至るまでありとあらゆる法律の規則ができている。そのパラダイム系を超えた理念を出すのは、ものすごく大変なことなんだよね。

適菜 でも、その法を運用するのはエリートです。マニュアルが理解できなければ、マニュアルの問題点も見えてこない。これは官僚制の問題になりますが。

呉 適菜君、『産経新聞』で書いていたよね。「官僚を悪く言うな」と。

適菜 官僚の不祥事を批判するのは当たり前のことですが、官僚批判が政局に利用されてきたわけです。官僚をスケープゴートにすることで、国民を味方につけるやり方ですね。

呉 官僚を批判すればいいと思っているバカがいるけど、官僚はマニュアルを巧みに使う技術者です。オーディオセットだってマニュアルを理解した奴がいい音を出す。だから、妬みで官僚批判をするのは大間違いだね。

適菜　官僚は省益だけを守っていて、政治改革を骨抜きにし、財界と癒着し、天下りをして不正に金を手に入れてきたといった**『ニュースステーション』**みたいな脳みそになっている。反官僚ブームが発生したのは平成になってからですね。特に、バブル崩壊の犯人探しをやったときに、大衆のルサンチマンを集約するような形で、**「官から民へ」**「官僚主導から政治主導へ」という風潮が生まれた。

呉　カフカの**『城』**にせよ、ある枠内でパラダイムが強固に形成されたら、それに従って運用されるわけだから、人間の疎外が発生するのは当たり前だよね。でも、それと官僚批判は別であって、官僚はマニュアルを運用するプロ集団なんだよ。

『ニュースステーション』
一九八五年より放送された、テレビ朝日系列の報道番組。二〇〇四年にリニューアルし、『報道ステーション』になった。

官から民へ
政府主導の公共サービスを民間に移し、「小さな政府」を実現しようという動き。自民党・小泉政権による「聖域なき構造改革」において強調された。

適菜　特に日本のメディアは、個別の官僚の不祥事や失政を官僚制の問題にすりかえてきた。あれは大間違いですね。その構造を利用する政治家が増えてきたということなのでしょう。左遷された元官僚がメディアの反官僚プロパガンダに利用されたり。

呉　世界的に見て、官僚の不祥事は日本は少ないほうだよ。特に警察官僚における賄賂とかね。取り調べ中の女の容疑者に悪さをすることもほとんどない。アフリカだったら警察官が女性の被疑者を強姦しても報道もされない。「普通、警察官はそういうことをするでしょ」で終わってしまう。

適菜　「今日の給食がまずかったから給食制度を止めろ」みたいな乱暴な話。だったら給食をおいしくする方法を考えたほうがいい。でも、メディアは民衆のルサンチマンや嫉妬心を煽ったほうが儲かるから官僚を叩く。

フランツ・カフカ（一八八三〜一九二四）
チェコ・プラハに生まれ、ドイツ語で小説を書いたユダヤ系作家。人間の不条理を描く実存主義文学のパイオニアとされる。著書に『変身』『審判』『城』など。

『城』
カフカによる未完の小説。測量士の主人公Kが雇われた城にたどり着くことができず、寒村で立ち往生するさまを描いた。

呉　ただ、官僚を超えた、それより上位にいるエリートも必要なんだよね。官僚は軍隊で言えば、実動部隊とか下士官、尉官クラスであって、実際にそれは大切なんだけど、その上に参謀、全体の作戦を立てる人間が必要になる。

適菜　形式的には大臣が行政の長になるわけですが、それは建て前の話であって、実際は官僚が国を動かしている。

呉　官僚特有のメンタリティーがあってね。官僚は世間でいろいろ言われても自分たちが日本を動かしているとわかっているし、学歴社会の面でも東大法学部を出ているわけだから、自分たちが一番知識を持っているとわかっている。だから、その外部から、パラダイム外から、自分たちに対してサジェッションしてくるものに対し拒否感があるんだよ。これは彼らの不勉強でもあって、頭からそんなの読んでも仕方がないという拒否感ね。そうすると今度は逆に、ジャーナリスト、思想家、評論家、哲学者、文学者でもなんでもいいけど、彼らの資質も問われるわけで。官僚に拮抗《きっこう》できるだけのものをおまえたちは出しているのかと。それがなければ、エリートの官僚に小バカにされるのは当然だよ。

適菜　あと、官僚になりたかったけど、なれなかった奴の強烈なルサンチマンはすごい。そういう人たちがメディアや大学で私憤を晴らしている。

呉　**所得倍増論**を唱えた**池田勇人**《いけだはやと》は、典型的な官僚的な知性の持ち主だった。池田は官僚から上がってきた書類以外は読んだことがないと。つまり、それだけ読めばすべてわかるというほど彼は自信があったんだね。「哲学だの文学だの社会思想だの、そんなものを読んでも何の役にも立たん」と。それは半分伝説だと思うけど、それぐらい官僚というものを熟知している人間が出てこない限り、官僚に抵抗できない。

国民所得倍増論　国民所得倍増計画。一九六〇年、池田勇人内閣の下で策定された長期経済計画のこと。十年間で国民の所得を二倍にするという計画で、実際にはこれを上回る成長となった。中心的な立案者は、戦後日本を代表する経済学者で大蔵官僚の下村治とされる。

池田勇人（一八九九～一九六五）　自民党の政治家。第五十八－六十代内閣総理大臣。大蔵省事務次官という立場から政界入りし、一九六〇年に首相となる。所得倍増計画を打ち出すなど、戦後日本の高度経済成長に大きく貢献した。

適菜　知を尊重する姿勢において変わらないのなら、官僚がその枠外のものにひっくり返されようが、かまわないわけです。それは必ずしも敵対するわけではないし、補完勢力になることもある。だから、健全なエリートによる知的なバトルはあってもいい。問題は、多数決原理が知の領域を侵していること。今の日本の、本当の敵は国家の内部、エリートの中にいる。こうした危険性を自覚しているのが、真のエリートなのでしょうけど。

呉　エリートは社会の安定だけではなくて、深みもつくっている。衆愚政治にならないようにするためには、官僚的な実務能力を持った人たちと、さらにその外側にある「何か」をつくらなければならないということだね。

適菜　それが哲人政治が目指すものだと思います。

あとがき

呉 智英

適菜収君とは前世紀の終わり頃に知り合った。大学を出てほどない青年で、編集の見習いのようなことをしていた。出版関係の人たちを集めた小さな勉強会の場所であった。なかなかの読書家で、好奇心も旺盛、鋭いひらめきも感じられた。その後、二、三回会ううちに、あちこちの雑誌や新聞に彼の名を見るようになった。保守派の新しい論客、という位置づけらしいが、俗流保守や狂信右翼とはもちろんちがう。文化の蓄積を重んじ、歴史の意義を理解する、という意味の保守である。

面白いのは、その文化、その歴史が、いかにも権威主義的な文化、正史としての歴史にとどまらないことである。ポップカルチャーにも目配りがあり、娯楽雑誌にも果敢に執筆する。それでいて、一昔前によくあった大衆文化至上主義——大衆文化にこそ真実があるといった安易で怠惰な姿勢がない。ニーチェ研究を基に『いたこニーチェ』『脳内ニーチェ』を書くことに、それがよく現れている。「ニーチェ名言集」のたぐいとは、全くちがうポップでマジな試みなのである。

特に「B層」をキーワードに社会批判を展開していることは、注目に値する。B層とは、広告業界で使われる一種のスラングで、この業界特有の身も蓋《ふた》もないリアリズムに貫かれている。しかし、それ故にこそこの言葉は一般には知られていなかった。だが、そのリアリズムを社会批判の文脈の中で使うと、キッチュな語感が効果を発揮し、現代文明の淀《よど》みが見通せるようになる。この言葉の発案者が考えもしなかった使用法である。

本書は、適菜君と三回にわたって対談し、それぞれが補筆してまとめたものである。一九六〇、七〇年代に青年期を送った私と、世紀またぎの時代に青年期を送った適菜君と、ものごとの関心の持ち方や視点に通じるところがあるのが面白かった。もちろん、天皇制をめぐって議論した章のように、大きく隔たるところもあるが、その隔たり自体が興味深い。意見なんて、ちがうことがあるに決まっている。その上で議論が成り立ち、見識を共有できることが肝心なのである。それが知性であり、教養だと思う。

装丁・本文デザイン　鈴木大輔＋仲條世菜（ソウルデザイン）

呉智英（くれ・ともふさ）

1946年生まれ。愛知県出身。評論家。知識人論から、社会、文化、言葉、マンガ評論まで、幅広い分野で執筆活動を展開。日本マンガ学会発足時から14年間理事を務めた（そのうち会長を4期）。東京理科大学、愛知県立大学などで非常勤講師を務めた。著作に『封建主義者かく語りき』『読書家の新技術』『大衆食堂の人々』『現代マンガの全体像』『マンガ狂につける薬』『危険な思想家』『犬儒派だもの』『現代人の論語』『吉本隆明という「共同幻想」』『つぎはぎ仏教入門』『真実の名古屋論』『日本衆愚社会』ほか多数。

適菜収（てきな・おさむ）

1975年生まれ。山梨県出身。作家。ニーチェの代表作『アンチクリスト』を現代語訳した『キリスト教は邪教です!』『小林秀雄の警告 近代はなぜ暴走したのか？』『日本をダメにしたB層の研究』（以上、講談社）、『日本人は豚になる 三島由紀夫の予言』『日本をダメにした新B層の研究』（ともにベストセラーズ）ほか、祥伝社新書に『コロナと無責任な人たち』『100冊の自己啓発書より「徒然草」を読め！』『ニッポンを蝕む全体主義』『古典と歩く大人の京都』『安倍晋三の正体』『自民党の大罪』など著書は50冊以上。

本書は、２０１４年6月に講談社より単行本として刊行された作品に、加筆・修正をして文庫化したものです。

一〇〇字書評

切り取り線

購買動機（新聞、雑誌名を記入するか、あるいは○をつけてください）

- □（　　　　　　　　　　　　）の広告を見て
- □（　　　　　　　　　　　　）の書評を見て
- □ 知人のすすめで
- □ タイトルに惹かれて
- □ カバーがよかったから
- □ 内容が面白そうだから
- □ 好きな作家だから
- □ 好きな分野の本だから

●最近、最も感銘を受けた作品名をお書きください

●あなたのお好きな作家名をお書きください

●その他、ご要望がありましたらお書きください

住所	〒				
氏名		職業		年齢	
新刊情報等のパソコンメール配信を 希望する・しない	Eメール	※携帯には配信できません			

あなたにお願い

この本の感想を、編集部までお寄せいただけたらありがたく存じます。今後の企画の参考にさせていただきます。Eメールでも結構です。

いただいた「一〇〇字書評」は、新聞・雑誌等に紹介させていただくことがあります。その場合はお礼として特製図書カードを差し上げます。

前ページの原稿用紙に書評をお書きの上、切り取り、左記までお送り下さい。宛先の住所は不要です。

なお、ご記入いただいたお名前、ご住所等は、書評紹介の事前了解、謝礼のお届けのためだけに利用し、そのほかの目的のために利用することはありません。

〒一〇一-八七〇一
祥伝社黄金文庫編集長　栗原和子
☎〇三（三二六五）二〇八四
ohgon@shodensha.co.jp

祥伝社ホームページの「ブックレビュー」からも、書けるようになりました。

www.shodensha.co.jp/bookreview

祥伝社黄金文庫

愚民文明《ぐみんぶんめい》の暴走《ぼうそう》

令和 7 年 1 月20日　初版第 1 刷発行

著　者　呉《くれ》 智英《ともふさ》　適菜《てきな》 収《おさむ》
発行者　辻 浩明
発行所　祥伝社《しようでんしや》
〒101－8701
東京都千代田区神田神保町 3－3
電話　03（3265）2084（編集）
電話　03（3265）2081（販売）
電話　03（3265）3622（製作）
www.shodensha.co.jp
印刷所　堀内印刷
製本所　ナショナル製本

ISBN978-4-396-31852-9 C0195

〈祥伝社新書〉
適菜収の本

628
適菜 収
コロナと無責任な人たち
コロナ禍であらわになった、知性なき国家の惨状を白日の下に晒す

640
適菜 収
100冊の自己啓発書より「徒然草」を読め！
『徒然草』は過激な思想書だった。「見識」が身につく新しい読み方

656
適菜 収
ニッポンを蝕む全体主義
全体主義に対峙すべき「保守」が根付かなかった日本の危機的状況

682
適菜 収
安倍晋三の正体
検証可能な事実を基に安倍晋三の本質を暴く！

702
適菜 収
自民党の大罪
自民党の変容と日本の凋落。その本質を炙り出す